JN329956

決定版!

続 授業で使える英語の歌 20

開隆堂

●はじめに

英語の歌が英語教育を救う!

　『決定版！ 授業で使える英語の歌20』が発刊されて7年の歳月が経過した。その間, 英語教育界は週3時間体制という戦後の英語教育史上最も過酷な時期を経験してきた。1980年代の一時期に週3時間になったことがあったが, それによって生徒・学生の英語力が低下した事実はいくつも報告されている。今回は指導内容を削減しての週3時間体制だから以前と同列に論じることはできないが, やはり文法・語彙などが弱くなっている事実が伝えられている。また, 日本人の発音が国際的に見ても低水準であることも論議されている。これらの問題点をある程度解決する策が英語の歌の指導の中に潜んでいると私は思う。30年間英語の歌を授業で使ってきて, 英語の歌を使う利点をデータがはっきり証明してくれている。

①多くの英文に触れることができる

　教科書だけでは英語に触れる総量が少ない。それを補うのが英語の歌である。
　生徒のアンケートで毎年最も多いのが「語い力がついた」「文法がわかった」というものである。少ない教科書の本文や例文を補ってくれるのが英語の歌のいいところである。

②発音がよくなる

　歌手と同じように歌ったり, 早く歌ったりするうちに自然と英語のリズムに慣れる。発音が飛躍的に向上する。
　追跡調査によれば, 私の卒業生は高校へ行ってほとんど例外なく「単語をたくさん知っているね」「発音がいいね」と友達や先生から言われるそうだ。この2つがあれば, とりあえず高校の英語はこわいものなしだ。

この本の特長

　正編のよいところを引き継ぎながら, さらに使いやすいものにした。正編と同様の部分は次の通りである。
・オリジナルに非常に近い演奏と歌
・歌付きCDとカラオケCD
・全曲授業で実際に使ったもの
・収録できなかった歌の新リスト83曲つき

新しい企画は次の通りである。
・各著者渾身のオススメ曲は拡大版で紹介
　　各著者が英語の歌に寄せる思いを4～6ページの拡大版で述べている。
・80年代，90年代，2000年代の曲も収録
　　若い先生方のために新しい歌も収録した。

自分はどんな歌を選ぶか

①対訳で歌詞の内容が理解できる。(生徒の精神的発達段階を考慮に入れる)
②英語のリズムが自然に身に付くようなアップテンポの曲。
③感情移入できるようなしっとりとした歌詞を持つスローテンポな曲。
④生徒たちが大人になっても必ずどこかで耳にする曲。一過性のヒット曲ではなく，名曲を多く選ぶのはこのためである。
⑤コード進行が割合に単純な曲。覚えるのに楽であるし，耳に残る。
⑥話題性のある曲。CMで盛んに流れている曲やヒット映画の主題曲，ディズニーの曲，教科書のトピックにあった曲など。
⑦直前に習った／直後に習う予定の文法事項が入っている曲。
⑧季節感のある曲。

肩の力を抜いて始めよう

　私に英語の歌の世界を教えてくれたのは中学時代のH先生だ。数年前，H先生の退職直前に「あの頃なぜ英語の歌を使ったんですか」と尋ねてみたことがある。H先生曰く「教師になって間もない自分を励ますためだよ。授業は当然うまくいかないだろ。だから50分の授業の中で自分の好きな英語の歌のときだけはほっとできるからさ。もう1つの理由はな……教師ってな，忙しくて授業の準備なんかいつも一番後回しなんだ。だから，教室に行って歌をかけている間にあれこれ準備するんだ」
　肩の力を抜いていいんだ。生徒も教師も楽しい一時が授業の中にあったら最高さ。

　　　　　　　　　　　　　　　　　　　　　　　　　　　　北　原　延　晃

● **本書・CDはこうして使おう！**

1. 本書の構成

各曲には4ページが当てられています。

1ページ目：歌詞

2ページ目：対訳，注

3ページ目：授業での活用法の紹介

　　　　　　曲・アーティスト・時代背景・収録
　　　　　　CDの紹介

4ページ目：授業での活用法の紹介（3ページ目から続く）

★「歌詞・対訳」「授業での活用法」が見開きで，使いやすい構成になっています。

★歌詞の表記は，詩の形式（行頭は常に大文字，行末の句読点は省略）をあえて採用せずに「文頭は大文字，行末には句読点」という生徒の見慣れたセンテンス形式に統一してあります。

★対訳は「読み取り教材」として使用する場合を考慮して，なるべく直訳に近い形を取りながら原詞の意味を忠実に伝えることを心がけました。

★3ページ目の下にはその曲が収録されているCDのジャケットと型番を載せましたので，原曲を探す際の参考にしてください。

★15曲目以降は，執筆者それぞれの「私のお薦め，この一曲」です。ここは，1曲当たり4〜6ページが当てられています。

2. 付属CDの内容

本書にはCDが2枚付属しています。

CD1：オリジナルに限りなく近いボーカル入りの演奏20曲（75分00秒）

CD2：ボーカルなしのカラオケ演奏20曲

CONTENTS

1. Eternal Flame / Bangles — 6
2. When Will I See You Again / The Three Degrees — 10
3. Honesty / Billy Joel — 14
4. Wonderful Tonight / Eric Clapton — 18
5. Have You Ever Seen the Rain / Creedence Clearwater Revival — 22
6. Here Comes the Sun / The Beatles — 26
7. Tie a Yellow Ribbon Round the Ole Oak Tree / Tony Orlando and Dawn — 30
8. If We Hold On Together / Diana Ross — 34
9. Bad Day / Daniel Powter — 38
10. Puff（The Magic Dragon）/ Peter, Paul and Mary — 42
11. From a Distance / Bette Midler — 46
12. Every Breath You Take / The Police — 50
13. Tears in Heaven / Eric Clapton — 54
14. If I Had a Million Dollars / Barenaked Ladies — 58

●私のお薦め，この一曲

15. Blowin' in the Wind / Bob Dylan — 62
16. You've Got a Friend / Carole King — 66
17. Hotel Califorinia / Eagles — 70
18. 未来へ / 白鳥英美子 — 74
19. Stand by Me / John Lennon — 80
20. I'll Have to Say I Love You in a Song / Jim Croce — 86

お薦め曲リスト — 92

参考図書 — 94

1 Eternal Flame

words and music by Susanna Hoffs, Billy Steinberg and Thomas Kelly / sung by Bangles

* Close your eyes.
Give me your hand, darling.
Do you feel my heart beating?
Do you understand?
Do you feel the same?
Am I only dreaming,
   is this burning an eternal flame?

Close your eyes.
Give me your hand, darling.
Do you feel my heart beating?
Do you understand?
Do you feel the same?
Am I only dreaming?
An eternal flame?

I believe it's meant to be, darling.
I watch you when you are sleeping.
You belong with me.
Do you feel the same?
Am I only dreaming,
   or is this burning an eternal flame?

** Say my name.
Sun shines through the rain.
A whole life so loney.
And then you come and ease the pain.
I don't want to lose this feeling, oh.

** Repeat

Close your eyes.
Give me your hand.
Do you feel my heart beating?
Do you understand?
Do you feel the same?
Am I only dreaming,
   or is this burning an eternal flame?

* Repeat

胸いっぱいの愛　　　歌：バングルズ

　*　そっと眼を閉じて
　　　手をかしてみて
　　　私の心がときめいているのが感じられるかしら?
　　　わかってくれる?
　　　あなたも同じような気持ちなの?
　　　私は夢を見ているだけなの?
　　　この燃える思いは永久に続くのかしら?

　　　私は信じているの，きっとそうなるって
　　　あなたが眠っている間中，そばについていてあげる
　　　あなたもずっと一緒にいて
　　　あなたも同じような気持ちなの?
　　　私は夢を見ているだけなの?
　　　それとも，この燃える思いは永久に続くのかしら?

　**　あなたが私の名前を呼んでくれると
　　　まるで太陽の光が雨の中にさし込んでくるようだわ
　　　これまでの人生はずっと寂しかったわ
　　　でも，あなたが現れて心の痛みを和らげてくれた
　　　もう，この気持ち失いたくないの

　**　くり返し

　　　そっと眼を閉じて
　　　手をかしてみて
　　　私の心がときめいているのが感じられるかしら?
　　　わかってくれる?
　　　あなたも同じような気持ちなの?
　　　私は夢を見ているだけなの?
　　　それとも，この燃える思いは永久に続くのかしら?

　*　くり返し

　　　そっと眼を閉じて
　　　手をかしてみて
　　　私の心がときめいているのが感じられるかしら?
　　　わかってくれる?
　　　あなたも同じような気持ちなの?
　　　私は夢を見ているだけなの?
　　　この思いは永久に続くものなの?

burning: 燃えるような思い／eternal: 永遠の／flame: 炎／is meant: 受け身 mean（意味する）の過去分詞／belong with: 〜のそばにいる *cf.* belong to: 〜に属している／whole life: 今までの人生／ease: 和らげる

この曲の使い方

Eternal Flame

★ 使用学年

2年～3年

発達段階，言語材料の内容から考えても2年生か3年生がよい。教師は，自分の好きな曲や知っている曲を安易に使いがちだが，時期や使い方を吟味し，しかもそこに行くまでの「のりしろ（下地づくり）」を配慮することで，歌という1つの教材以上の波及効果が期待できる。

★ 主な言語教材

【2年】

① be動詞と一般動詞を探せ！

　［be動詞］

　　Am I only dreaming, / is this burning an eternal flame? / it's meant / A whole life（was）so lonely,

　［一般動詞］

　　close your eyes / give me / feel my heart / understand / feel the same / I believe / I watch you / you belong / say my name / you come and ease my pain / I don't want

② to 不定詞

　it's meant to be… / I don't want to lose this feeling.

③ 接続詞の when

　I watch you when you are sleeping

④ 動名詞

　this burning, this feeling

⑤ SVOO

　Give me your hand, darling.

【3年】

① SVOC（知覚動詞＋O＋現在分詞）

　Do you feel my heart beating?

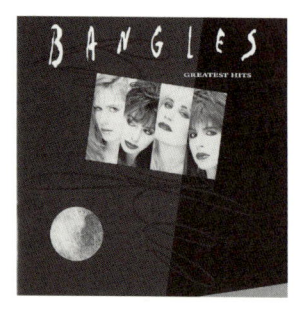

エターナル・フレーム（Eternal Flame）は，1989年に全米1位となった，バングルズのヒット曲で，邦題は「胸いっぱいの愛」。曲を作ったのはボーカルのスザンナ・ホフス。2000年，15年のブランクを経てバングルズは復活し，変わらぬ人気の高さを示した。2003年に出された Tear Off Your Own Head には，Eternal Flame のアコースティック・バージョン（生ギターのみ）が収録されているので，授業で聞き比べてみるのも面白いだろう。

Greatest Hits / Bangles / ソニー・ミュージック MHCP-185

Eternal Flame

★　授業での使い方

　美しいメロディ・ラインなので，学年末にオール・リクエストアワーをすると，必ずベスト10の上位に選ばれる。次のような指導をすれば，さらに印象に残りやすくなるだろう。

○わかりやすい脚韻（rhyme）が多く出てくるので，詩と脚韻の関係について説明する。
　　darling － beating － dreaming ／ same － flame ／ rain － pain

○読み取りに挑戦させる場合は，訳を与えずに，（　　）に何が入るかを考えさせることができる。Close your (eyes) ／ Give me your (hand) ／ (You) belong with me ／ Say my (name) ／ (Sun) shines through the rain ／ A whole life so (lonely) ／ I don't want to (lose) this feeling

○教師の問いによって内容を読み取らせる。

　① Am I only dreaming, の一文で，主人公が今どんな気持ちかわかるか？（信じられないほど，うれしい。有頂天な様子）

　② Give me your hand の目的は何か？（胸の鼓動を感じてもらうため）

　③ Do you feel the same? とは何が同じなのか？（相手を思う気持ち）

　④ Sun shines through the rain の sun と rain は他の何で置き換えられるか。（you と pain）

○ ～ing を品詞に分けて説明させてみる。
　　darling（名詞），beating（知覚動詞＋目的語＋現在分詞），dreaming（進行形の現在分詞），burning（動名詞），sleeping（進行形の現在分詞），feeling（動名詞）

○生徒の実態に応じて，課題（読み取り，全文訳，部分訳）を与え，訳詞に挑戦させることもできる。いくつかカギになるような単語の意味を与えてから，「詩人になって訳してごらん」と伝える。教師は机間指導をしながら，キラッと光る名訳を取り上げる。生徒の表現力を高めるには，英語を日本語に訳す，日本語を英語に訳すという活動が欠かせない。一度訳したら友達の訳が気になってくるものである。そこで，お互いに書いたものを交換して鑑賞し合う時間を取りたい。3分〜5分でよい。その後，友達の作品に触発された生徒たちは直したくてたまらなくなる。そこで教師は，「直したいところがあれば，赤字を入れなさい」と伝える。生徒たちは，刺激は受けても全く同じ内容にすることはない。真似ることから，それがいつしか自分のものになり，自分の言葉で表現できるようになっていくのである。

★　生徒の感想

　「スザンナの，あの訴えかけるような澄んだ，哀しげな歌い方がとてもいいなあと思う。ビデオ・クリップは幻想的で4人の魅力が満喫できた」（女子）

　「この歌は，歌詞を自分たちで訳したので，一番思い入れが強いです。意味がわかると，感情移入がしやすくなるんだとわかりました」（女子）

（担当：中嶋洋一）

2. When Will I See You Again
words and music by Kenny Gamble and Leon Huff / sung by The Three Degrees

Precious moments....

When will I see you again?
When will we share precious moments?
Will I have to wait forever?
Will I have to suffer and cry the whole night through?

When will I see you again?
When will our hearts beat together?

Are we in love or just friends?
Is this my beginning or is this the end?

When will I see you again?
When will I see you again?
When will I see you again?

Precious moments....

Are we in love or just friends?
Is this my beginning or is this the end?
When will I see you again?
When will I see you again?

天使のささやき　　歌：スリー・ディグリーズ

　貴重な瞬間の数々

　こんどまたいつ会えるのかしら
　二人で貴重な時を分かち合えるの
　ずっと待たなくてはならないの
　それとも苦しんで一晩中泣き明かさなければならないの

　こんどまたいつ会えるのかしら
　二人の心が一緒の鼓動を打つのは
　いつになるのかしら

　私たちって恋をしてるの，それともただの友達なの
　これは始まりなの，それとも終わりなの

　こんどまたいつ会えるのかしら

　貴重な瞬間の数々

　私たちって恋をしてるの，それともただの友達なの
　これは始まりなの，それとも終わりなの
　こんどまたいつ会えるのかしら

---

precious: 貴重な／moment: 瞬間／again: 再び／share: 分かち合う／wait: 待つ／forever: 永遠に／suffer: 苦しむ／cry: 泣く／the whole night through: 一晩中／heart: 心／beat: 打つ／beginning: 始まり／end: 終わり

この曲の使い方

When Will I See You Again

★ 使用学年・時期

　未来表現が多用されているので，2年生の1学期が良いだろう。メンバーの1人が語ったところによると「プロデューサーにこの曲を歌えと言われたときに，こんな簡単な曲を歌うのにプロ歌手なんかいらないと思った」というくらいメロディーも歌詞も簡単である。この歌詞は内容的にも文法的にもとてもシンプルなので，日本の中学生にはもってこいの歌だと思う。生徒たちには，美しいストリングスの伴奏をバックに明るく伸び伸びと歌わせたい。

★ 主な言語材料

　①疑問詞 When の復習（When will I....）と be 動詞の疑問文の復習（Are we in love....）（Is this the beginning....）
　②直後に学習する予定の未来形の先取り（When will I....）（Will I have to....）
　③2年生で習う have to （Will I have to wait...）（or will I have to suffer...）
　　When will I see you again? というタイトル行が何度となく繰り返される。耳にタコができるとはこのことであろう。その他，When will we share....，Will I have to....，or will I have to suffer....，When will our hearts beat.... と will のオンパレードである。
　④When will I...., When will we.... といった1人称の疑問形
　　1人称の疑問形は教科書ではまず出てこない。しかし，日常的にはよく使われる。この機会に紹介し，理解させたい。

★ 授業での使い方

　ア　準備

　　　行末の rhyming を利用して cloze test 形式の穴埋めプリントを作成する。プリントには日本語対訳と footnotes を載せる。

　イ　1時間目（20分）

　　①プリントを配布し，3分間で対訳と footnotes を参考に空欄に入るべき語を推測して書かせる。（語いの知識，文法の知識を総動員させる指導法）
　　　（　）をいくつ埋められたかを問い，挙手で答えさせる。（How many blanks did you fill in?）

　The Three Degrees という黒人女性コーラスグループは 1960 年代に結成され，何度かのメンバー交代を経て 40 年以上も続いている。この曲は 1974 年にリリースされ，The Billboard Hot 100 Pop Singles Chart において最高で2位にランクインされた。邦題は「天使のささやき」であり，曲の冒頭部分のスキャットがその由来になっていると思われる。

The Best in the First Degree / The Three Degrees /
ソニー・ミュージック SRCS-6611

When Will I See You Again

　②曲を聞かせて穴埋めをさせる。友達どうしで聞き取れなかったところを相談させる。（　　）をいくつ埋められたかを問い，挙手で答えさせる。(How many blanks did you fill in this time? または How many more blanks did you fill in?)

　③2回目を聞かせる。そのとき，教師は slow learners の近くで大きな声で歌うと彼らにも穴埋めがしやすい。

　④答え合わせをさせる。正解数を問い，挙手で答えさせる。(How many correct answers have you got?)

　⑤歌詞の解説をしながら，それぞれの（　　）に正解した生徒に挙手させる。こうすることによって，「誰が」「クラスのどれくらいが」できたかを把握できる。

　⑥既習文法項目である疑問詞 When と be 動詞の疑問文の確認をする。これから学習する文法事項（未来形と have to）に下線を引かせる。

　ウ　2時間目以降（1曲分の時間）
　　ウォームアップとして授業の最初に歌う。慣れたらカラオケに切り替える。

★　**生徒のリアクション**

　中学2年というと，いろいろな意味で微妙な年頃である。思春期に入り，異性を意識する生徒も多い。この歌は熱烈な恋の歌である。でも，まったく大人の恋というわけではなく，思春期の生徒たちに共感できる部分も多い。特に Are we in love or just friends? とか Is this my beginning or is this the end? の部分は，共感を持って聞く生徒もいるようだ。何より簡単な内容なので，生徒はすぐになじむ。また，繰り返しが多いことから歌いやすいようである。

（担当：北原延晃）

3 Honesty
words, music and sung by Billy Joel

If you search for tenderness,
   it isn't hard to find.
You can have the love you need to live.
But if you look for truthfulness,
   you might just as well be blind.
It always seems to be so hard to give.

* Honesty is such a lonely word.
  Everyone is so untrue.
  Honesty is hardly ever heard
    and mostly what I need from you.

I can always find someone
   to say they sympathize,
     if I wear my heart out on my sleeve.
But I don't want some pretty face
   to tell me pretty lies.
All I want is someone to believe.

* Repeat

I can find a lover,
   I can find a friend,
   I can have security,
     until the bitter end.

Anyone can comfort me
   with promises again.
I know, (I know,) I know.

When I'm deep inside of me,
    don't be too concerned.
I won't ask for nothing while I'm gone.
When I want sincerity,
   tell me where else can I turn
     'cause you're the one that I depend upon.

* Repeat

オネスティ　　歌：ビリー・ジョエル

優しさを求めるなら
見つけるのは難しくない
生きていくためぐらいの愛なら
でも，正直さを求めるなら
盲目になるほうがましだ
正直であることは本当に難しいんだ

＊誠実って本当に寂しい言葉だ
　誰もが不誠実だから
　誠実という言葉はめったに耳にすることがない
　でも，それこそ，僕が君に求めているものなんだ

いつだって見つけられる
同情していると言う奴は
もし，自分の心の内を明かせば
でも，きれいな顔をして
きれいな嘘をつくような人はいらない
僕が欲しいのは信じられる人なんだ

＊くり返し

恋人も見つけられるさ
友達も見つけられるさ
安らげるさ
最後を迎えるまではね

誰でも僕を慰めることはできるさ
何度でも何度でも
わかってるさ，（わかっているさ，）わかっているよ

僕が深く落ち込んでいる時は
ほっといてくれ
そんな時は，何も求めていないから
でも，誠実さを求める時
君以外の誰に求めればいい？
僕が頼りにできるのは君だけなんだよ

＊くり返し

---

tenderness: 優しさ／truthfulness: 正直さ／untrue: 不誠実／sympathize: 同情する／wear my heart out on my sleeve: 心の内を明かす／until the bitter end: 最後の最後まで／security: 安心／comfort: 慰める／concern: かかわる／sincerity: 誠実さ／depend upon: 頼りにする

この曲の使い方

Honesty

★　使用学年
　2年生

★　使用時期
　9月以降いつでも

★　主な言語材料
　if 節
　when 節
　受身形
　to 不定詞の形容詞的用法
　関係代名詞 that

★　授業での使い方
　スローテンポのバラードで，英語も比較的クリアで聞きやすいので，ワークシート（虫食いの歌詞と対訳を印刷したもの）を配布し，ディクテーションに使っている。

　主な言語材料であるif，whenは他の多くの歌の中でも頻繁に出てくる単語なので聞き取らせたい。また，canについても同様。

　ifとwhenについては，次のような説明を入れる。

　日本語にしてしまうと，if を使っても when を使っても同じ言葉になってしまうことが多いが，ちょっとニュアンスが違うことを生徒に教える必要がある。 if も when も条件節を導く接続詞であるが，when のほうが確実な条件に対して使われる。

　If it is rainy tomorrow, I won't go there.
　When it is rainy tomorrow, I won't go there.

という2つの文は，日本語で，「もし明日雨だったら，そこへ行くのはやめるわ」という意味になる。

　この違いは何なのかというと，これは「雨が降ることの可能性の確実さ」で判断する。簡単に言えば，
　if：「そうなるかどうかわからない状況で，もしそうなったら」

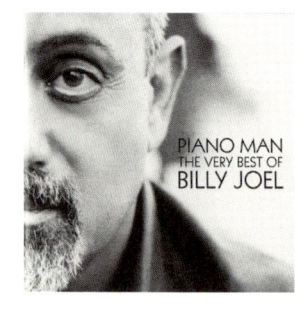

　　　　　Billy Joel は，ニューヨーク市ブロンクス生まれ。ポップで親しみやすく，メッセージ性の強い歌詞が人気。この曲は最初，アルバム『ニューヨーク52番街』に収められていた。ゆったりとしたピアノのイントロで始まり，静かに盛り上がっていく展開で，情感のこもったボーカルは絶品である。

Piano Man: The Very Best of Billy Joel / Billy Joel /
ソニー・ミュージック MHCP-553

Honesty

　つまり，天気予報でも明日の雨の降る確率は低いと言っているので，「万が一にも降ったときには」というニュアンスになる。

　when：「当然そうなるだろうということに関して，そうなったときに」

　つまり，今日も雨だし，天気予報でも明日雨が降る確率が高いと言っているので「雨のときには」ということになる。日本語の「もし」や「～したら」は意外に曖昧な表現なのである。

　それゆえ，「弊社の商品に欠陥や不都合な点がありましたら，ご連絡ください」という文の条件節は，if を使う。whenを使った場合には，「弊社の商品は必ず，欠陥や不都合なところがありますよ」 と言っていることになってしまう。

　曲を歌えるようになった後で，その歌手がその歌を歌っているビデオを生徒たちに視聴させる。そのときに，その歌が作られた時代背景やその当時の日本の話などをする。

　映像を見せる目的は，

　①声だけでなく，どんな人なのかを実際に見る。

　　→生徒たちは，その人が自分が予想していた感じではないことに驚いたり， その人の情報を手に入れる一助となる。

　②口に注目させる。

　　→実際の英語をどのように発音しているかを見るには最適。

★　生徒の感想

　「あまり速くなくてとても歌いやすい歌。特にサビの部分はとても気持ちよく歌える」

（男子）

　「すてきなバラードですね。でも，内容が難しい気がします。よく考えてみると，最近の日本は悲しいニュースが多すぎますよね」（女子）

（担当：井上謙一）

4 Wonderful Tonight
words, music and sung by Eric Clapton

It's late in the evening.
She's wondering what clothes to wear.
She puts on her make-up,
   and brushes her long, blonde hair.
And then she asks me,
   "Do I look all right?"
And I say, "Yes, you look wonderful tonight."

We go to a party,
   and everyone turns to see
   this beautiful lady
   who's walking around with me.
And then she asks me,
   "Do you feel all right?"
And I say, "Yes, I feel wonderful tonight."

I feel wonderful
   because I see the love light in your eyes.
And the wonder of it all
   is that you just don't realise
   how much I love you.

It's time to go home now
   and I've got an aching head.
So I give her the car keys,
   and she helps me to bed.
And then I tell her
   as I turn out the light.
I say, "My darling, you are wonderful tonight.
   Oh my darling, you are wonderful tonight."

ワンダフル・トゥナイト　　歌：エリック・クラプトン

日もとっぷり暮れて
彼女は何を着ようか迷っている
化粧をして
長いブロンドの髪をブラシでとかして
僕に尋ねる
「これで良いかしら?」
「大丈夫，今夜の君は素敵だよ」

パーティー会場では
誰もが振り返る
僕と並んで歩く
こんな素敵な君を
そして，君が僕にささやく
「気分はどう?」
「うん，今夜は最高だよ」

最高の気分さ
なぜって，君の瞳の中に君の思いが見えるから
でも不思議なのは，
君はわかってくれていないこと
僕がどれだけ君を愛しているのか

そろそろ帰る時間が来て
頭も痛くなってきた
彼女に車のキーを手渡すと
ベッドまで連れて行ってくれた
そして部屋の明かりを消しながら
僕はささやく「ねえ，今夜は特に素敵だよ
本当に，本当に，今夜の君はとても素敵だよ」

---

wonder: 迷う／what clothes to wear: 何を着ていくか／the wonder: 不思議なこと／realise: 理解する=realize／turn out : 電気などを消す

この曲の使い方

Wonderful Tonight

★　使用学年
　２年生

★　使用時期
　９月頃

★　主な言語材料
　現在形，現在進行形，3単現の-s
　Do I～？
　look～，feel～
　to不定詞の副詞的用法，形容詞的用法
　give＋人＋物

★　授業での使い方
　この曲の歌詞をよく読んでみると，使われている動詞はすべて現在形で書かれていることに気づく。復習として現在形，現在進行形，3単現の-sについてまとめを行う。

　また，現在形で書かれていることで，歌われる情景の臨場感がドラマティックに高められるという効果が生まれていることも付け加える。この曲の特徴は，上記のように臨場感が得られるためとても絵にしやすい。そこで，生徒に画用紙を渡して，「この歌を絵にしてみよう」という活動をさせる。すると，こちらが思っている以上に，生徒は嫌がらずに楽しんで絵を描く。この曲の他にも，視覚的なイメージが湧きやすい曲として，スザンヌ・ベガの Tom's Diner という曲がある。参考にされたい。

　「百聞は一見に如かず」というように，説明を聞くよりも視覚的なイメージを使ったほうが効果が上がることが多々ある。この点も教師の創造性にかかってくると思う。

　次に注目させたいのは，Do I～？という表現である。1年生の一般動詞を習った後でDoを使った疑問文を学習する。しかしながら，そこで学習するのは Do you play tennis? や Do you like English? のような Do you～？ばかりである。だから，I play tennis. を疑問文にすると Do you play tennis? になるといった珍問答が出てくるわけである。なぜそうなるかというと，生徒たちは Do I～？という疑問文を目にしないからである。そこでこ

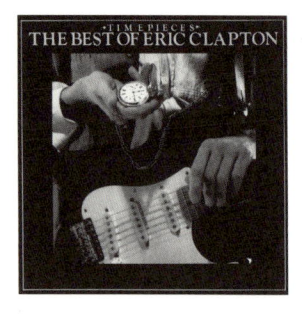

Eric Clapton は，1945年生まれ，英国出身のブルース・ロック・ギタリスト。高度なテクニックと創造性豊かなフレージングによって神格化されたロック界の頂点に立つギタリストの１人である。パーティーへ来ていく服を選ぶ恋人のパティを待つ間に，ギターをつま弾いていたら作曲できてしまったという，あまりにも有名なエピソードとともに知られるエリック・クラプトンの代表曲。

The Best of Eric Clapton / Eric Clapton / ポリドール UICY-9737

Wonderful Tonight

の歌の登場となる。

 And brushes her long, blonde hair 長いブロンドの髪をブラシでとかして
 And then she asks me ぼくに尋ねる
 "Do I look all right?" 「これで良いかしら?」
    ⇒私は良く見えるかしら?

この状況でこそ，〈Do I 〜?〉がぴたっと使えるのである。これとは別になるが，〈Am I 〜?〉といった「私」を主語にした疑問文についての指導も行うと良い。この歌自体が一夜のストーリーとなっているので，

 Where is he now? ----He is home.
 What is she doing?----She is putting her make-up.
 Where are they going? ----They are going to a party.
 Why does everyone turn to see her? ----Because she is beautiful.
 What does he give her? ----He gives her the car keys.
 Does he have a headache? ----Yes, he does.

といった英問英答などで歌詞の内容を把握することもできる。

また，この歌詞の中にはDo I look all right? You look wonderful tonight. Do you feel all right? I feel wonderful tonight.といったフレーズが出てくるが，このlookやfeel，そしてsound（〜に聞こえる）は，日本語に訳すときには，文字通りに訳すのではなく注意が必要であることを付け加える。

★　生徒の感想

 「曲の意味を考えていくと，なんかほんわかとした気持ちになる。でも，なんか大人の歌って感じがした。子どものぼくには難しい」
 「そんな人とめぐり会えたらいいな」
 「友だちの描いた絵を見ていると，さらに歌詞の内容がよくわかる気がした」
 「何がかっこういいって，あのエリック・クラプトンのギター。英語の歌詞よりもそっちに興味が湧いた」

            （担当：井上謙一）

Have You Ever Seen the Rain
words and music by John C Fogerty / sung by Creedence Clearwater Revival

Someone told me long ago
 there's a calm before the storm,
I know, it's been comin' for some time.
When it's over, so they say,
 it'll rain a sunny day,
I know, shinin' down like water.

* I want to know, have you ever seen the rain,
 I want to know, have you ever seen the rain
 comin' down a sunny day?

Yesterday, and days before,
 sun is cold and rain is hard,
 I know, been that way for all my time.
'Til forever, on it goes
 through the circle, fast and slow,
 I know, it can't stop, I wonder.

* Repeat (twice)

雨を見たかい　　歌：クリーデンス・クリアウォーター・リバイバル

昔からよく言うんだ
「嵐の前の静けさ」って
わかっているさ，それはしばらくの間続くんだ
静けさが終わると
晴れている日に雨が降ると言う
わかっているさ，水のように光りながら落ちてくるのを

＊僕は知りたい，君はそんな雨を見たことがあるかって
　知りたいんだ，君はそんな雨を見たことがあるかって
　晴れた日に落ちてくる雨を

昨日もその前の日も
太陽の光は弱々しく雨は激しい
わかっているさ，僕が生きている間は，そんな風に続いていくのを
終わることなくね
速かったりゆっくりだったりしてまわり続ける
わかっているさ，それは止まることさえない，本当に不思議なくらい

＊くり返し（2回）

---

long ago: 昔／calm: 静けさ／storm: 嵐／it's been comin': やって来ている (it has been coming)／for some time: しばらくの間／over: 終わって／been that way: そんな風に続く／on it goes: それは続く (=it goes on)／wonder: 不思議に思う／have you ever seen the rain comin' down a sunny day?: 君は晴れた日に雨が降ってくるのを見たことがあるかい（知覚動詞seen ＋目的語＋〜ing）

この曲の使い方

Have You Ever Seen the Rain

★ **使用学年**

２年生か３年生

★ **使用時期**

現在完了（経験）の理解が図れてから

★ **主な言語材料**

現在完了（経験）

Have you ever seen 〜 ? / It's been comin' for some time. / Been that way for all my time.

不定詞　want to 〜

I want to know, …

天候を表す表現

It'll rain a sunny day.

★ **授業での使い方**

ストレートなロックサウンドの中にも，泥臭い味わいがある曲である。思いっ切りシャウトしてみたい。ただし，ボーカルは高いＡ（ラ）まで出ているので，私たちが歌うには少し覚悟がいると思う。しかし，この高さで最後まで歌い切れたら最高だ。

歌詞の内容は，Have you ever seen the rain … ?（雨を見たかい）と，あたかも天気について歌っているようだが，内容をひも解いてみると，どうして，意味深い歌だということがわかる。

日常生活の中で，誰かに「雨を見たかい」とは聞かないであろう。「雨を見たかい」とあえて聞いているのは，別な理由によるようだ。「雨を見たかい」は反戦的なニュアンスを含んでいるようである。Rainは，ベトナム戦争（1954年〜1975年）で使われた広範囲を燃焼・破壊するナパーム弾を暗喩しているという説がある。この曲は，当時のアメリカで反戦歌という理由で放送禁止になったこともあった。曲はその時代や文化などさまざまなものを反映していることがわかる。

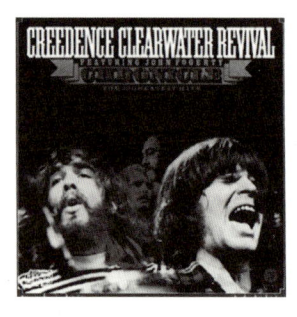

CCR（クリーデンス・クリアウォーター・リバイバル）は，1968年にデビューして1972年に解散するまでの４年間，サザンロック（アメリカ南部のロック）の先駆者として，ロック界に大きな足跡を残した４人組である。カリフォルニア出身でありながら，あえて南部なまりで歌った数多くのアルバムの中で，日本で最大のヒット曲となったのがアルバム Pendulum からの Have You Ever Seen the Rain である。ストレートなロックサウンドの歌詞の中に意外な秘密が隠されている。

Creedence Clearwater Revival Greatest Hits / Creedence Clearwater Revival / ファンタジー UCCO-9154

Have You Ever Seen the Rain

　さて，歌の導入として，天候を表す表現の習得から始めたい。まず，歌詞を聴きながら，天候を表す言葉を書き出させたい。

ワークシート1　HAVE YOU EVER SEEN THE RAIN?

1　この曲を聴いて，天候を表す単語をできるだけ書き出してみよう。

　　期待される答え→　a calm, the storm, rain, sunny, shining, cold, hard

2　次に，天候を表す「文」を聞き取ってみよう。

　　期待される答え→　It'll rain a sunny day.
　　省略語を指導　→　It'll rain <u>on</u> a sunny day.

3　明日の天気予報をしてみよう。It'll be ～ tomorrow. の形を使って表現してみよう。（形容詞と名詞を選ばせる。動詞のrainはrainyと形を変える。）

　　　　　形容詞　　　　　　　　　　名詞
　It'll be sunny **tomorrow.**　　　**It'll be** a calm **tomorrow.**
　　　　shining　　　　　　　　　　the storm
　　　　cold
　　　　hard
　　　　rainy

　次に，Have you ever seen ～? を使って表現練習をするとよい。

ワークシート2　HAVE YOU EVER SEEN THE RAIN?

1　びっくり経験をしたことがあるか，先生や友達に聞いてみよう。
　・幽霊（ghost）を見たことがある？　　・UFOを見たことがある？
　・サンタクロースに会ったことがある？　・有名人に会ったことがある？
　・月に行ったことがある？　・富士山に登ったことがある？
　・アイスクリームのてんぷらを食べたことがある？……

　　文型　Have you ever seen（been to, climbed, eaten）　～？

（担当：蓑山昇）

6. Here Comes the Sun
words and music by George Harrison / sung by The Beatles

Here comes the sun.
Here comes the sun.
And I say it's all right

Little darling, it's been a long cold lonely winter.
Little darling, it feels like years since it's been here.
Here comes the sun.
Here comes the sun.
And I say it's all right.

Little darling, the smiles returning to their faces.
Little darling, it seems like years since it's been here.
Here comes the sun.
Here comes the sun.
And I say it's all right.

Sun, sun, sun, here it comes.
Sun, sun, sun, here it comes.
Sun, sun, sun, here it comes.
Sun, sun, sun, here it comes.
Sun, sun, sun, here it comes.

Little darling, I feel that the ice is slowly melting.
Little darling, it seems like years since it's been clear.
Here comes the sun.
Here comes the sun.
And I say it's all right.
Here comes the sun.
Here comes the sun.
It's all right.
It's all right.

ヒア・カムズ・ザ・サン　　歌：ビートルズ

ほら，お日様が出てくる
春がそこまで来ているよ
もう大丈夫だね

ねえ君，寒くて長いさびしい冬だったね
まるで，何年間もずっと冬だったような感じだね
ほら，お日様が出てくる
春がそこまで来ているよ
だから，もう大丈夫だよ

ねえ君，みんなの顔がニコニコしてきたよね
まるで，何年間も笑顔なんて見ていなかったみたいだね
ほら，お日様が出てくる
春がそこまで来ているよ
だから，もう大丈夫だよ

ほら，お日様が出てくるよ
ほら，春がやって来るよ

ほら君，氷がゆっくりと融けてきている感じだよ
晴れ間なんて何年ぶりだろう，という気がするね
ほら，お日様が出てくる
春がそこまで来ているよ
だから，もう大丈夫だよ

Here comes 〜: ほら〜がやって来るよ／it's been = it has been／feel like years: 何年間（という長い時間）のような感じがする＜like 〜: 〜のような／since it's been here = since it has been here（sinceに完了形が続くこともある）／melt:（雪・氷などが）とける／clear: 晴れた，快晴の

この曲の使い方

Here Comes the Sun

★ 使用学年
中学3年，高校1, 2年

★ 使用時期
①言語材料
現在完了に関連付けて
倒置構文と関連付けて
②題材
季節感（春の訪れ）と関連付けて

★ 主な言語材料
①現在完了
・it's been a long cold lonely winter
＝it has been a long cold lonely winter
・since it's been here/clear
＝since it has been here/clear
②倒置
・Here comes the sun.　*cf.* Here it comes.

★ 授業での使い方
　この曲の持つ季節感を大切にして指導したい。まず Here Comes the Sun という曲名の表す意味について，以下のような問答を通して考えさせてみたい。
＜季節感について考えさせる＞
①曲名は「ほら，お日様が出てくるよ」という意味だが，これはどんな状況で口にする文だろうか。
　　→日本で「お日様が出てくる」と言うと，雨が上がって日がさしてくるような場面で使うことが多い。
②しかし，この歌は「雨上がり」の歌ではない。どんな時期・季節を歌ったのだろうか。そのように考える根拠は何だろうか。

George Harrison（1943-2001）の代表作の1つで，彼が作詞・作曲・ボーカルを担当。The Beatles の実質的なラスト・アルバム Abbey Road（1969年）のB面トップを飾った。この曲のライブ演奏は，DVD: The Concert for Bangladesh（1971, New York），DVD: The Prince's Trust Rock Concert 1987（1987, London）で見られる。後者は Ringo Starr, Phil Collins, Elton John, Jeff Lynne が加わった名演である。

Abbey Road / The Beatles / EMI ミュージック　TOCP-51122

Here Comes the Sun

　　　　→冬から春に移る時期の歌。a long cold lonely winter（長く寒い寂しい冬），the ice is slowly melting（氷がゆっくりととけていく）などの表現からわかる。
③イギリスの冬はどんな様子だろうか。日本とはどう違うのだろうか。地図帳を開いて考えてみよう。
　　　　→イギリスは日本と比べて緯度が高い。緯度を比較させると，生徒たちは一様に驚きを示す。ロンドンは北海道よりもはるかに北にあるからだ。ブリテン島の位置は，樺太（サハリン）よりも少し北になる。高緯度の地域では，冬の日照時間が短い。イギリス人にとって Here comes the sun. という文は，暗くて長い冬の日々に「お日様が戻ってくる」という意味になり，春の訪れを象徴することになる。

＜歌詞を読み込む＞
　Here comes the sun. という文では，場所の副詞 here が文頭にあるために，語順が＜動詞＋主語＞のように倒置されている。しかし，サビの here it comes では倒置が起きていない。どうしてだろうか。
　　　　→Here comes the sun. という文では，文末にある主語 the sun に強勢が置かれる。しかし，here it comes の主語 it は代名詞なので強く発音できない。弱く言うべき単語を文末に置くとリズムが狂ってしまうから，倒置しないのである。これは，turn on the radio と turn it on の関係などと同じである。

★　生徒のリアクション
　名曲なのだが，聞いたことがある生徒は驚くほど少ない。春の訪れを感じる時期に取り上げたい曲である。この曲ができた経緯について George は「ぼくはその頃，自分たちで設立したレコード会社 Apple の書類仕事に嫌気がさしていたんだ。そこで，会社の仕事をさぼって親友であるギタリスト Eric Clapton の自宅に遊びに行き，生ギターを借りて弾きながら庭をブラブラと散歩していた。そのとき，この曲が浮かんで来たんだ」と回想している。
　この曲のキーはイ長調（A major）だが，伴奏全体の音域が高い。ギターで弾く際には，普通のポジションで A のコードを弾かず，第 7 フレットにカポタストをつけて D コードのフォームで弾けば良い。ギターが弾ける方は，ぜひとも挑戦してみてほしい。

　　　　　　　　　　　　　　　　　　　　　　　　　　（担当：久保野雅史）

7. Tie a Yellow Ribbon Round the Ole Oak Tree

words by Lawrence Brown / music by Irwin Levine / sung by Tony Orlando and Dawn

I'm coming home, I've done my time.
Now I've got to know what is and isn't mine.
If you received my letter telling you I'd soon be free,
    then you'll know just what to do if you still want me,
    if you still want me.

* Woah, tie a yellow ribbon 'round the ole oak tree.
It's been three long years.
Do you still want me?
If I don't see a ribbon 'round the ole oak tree,
    I'll stay on the bus,
    forget about us,
    put the blame on me,
    if I don't see a yellow ribbon 'round the old oak tree.

Bus driver, please look for me,
    'cause I couldn't bear to see what I might see.
I'm really still in prison
    and my love, she holds the key.
A simple yellow ribbon's what I need to set me free.
I wrote and told her please.

* Repeat

Now the whole damned bus is cheering
    and I can't believe I see.
A hundred yellow ribbons 'round the ole oak tree.
I'm coming home.
(Tie a ribbon 'round the old oak tree)

幸せの黄色いリボン　　歌：トニー・オーランド＆ドーン

　　僕は我が家に向かっている，刑期を終えて
　　何が僕のもので，何がそうでないのかを
　　確かめずにはいられない
　　僕が帰ることを伝えた手紙を，もし君が受け取っているなら
　　どうすればいいかわかっているはずだ
　　もし，まだ僕を待っていてくれるなら
　　まだ僕を必要としていてくれるなら

＊　あの古い樫の木に黄色いリボンを結んでおくれ
　　3年もの長い月日が過ぎても
　　君は待っていてくれるのだろうか
　　もし，黄色いリボンがあの古い樫の木に結んでなかったら
　　僕はバスに乗ったままで去っていく
　　そして僕たちの関係を断とう
　　そうなったのは，みな僕のせいだから
　　もし，黄色いリボンが見られなかったら

　　バスの運転手さん，僕の代わりに確かめてくれないか
　　僕は怖くて とても見ていられない
　　今でも留置場の中にいるような気分だ
　　外に出る鍵をもっているのは，彼女だけなんだ
　　たった一本の黄色いリボンさえあれば，僕は自由になれるって
　　そう手紙に書いたのさ

＊　くり返し

　　バスのクラクションが僕を荒々しく祝福している
　　目の前の光景が信じられない
　　古い樫の木には百本もの黄色いリボンが！
　　僕は，君のもとへ戻ってきたんだ
　　（古い樫の木に黄色いリボンを結んでおくれ）

---

ole: oldの口語形／oak tree: 樫の木／blame: 非難,責任／bear: 耐える／might: これから〜であろう／prison: 刑務所／my love: 僕の妻(恋人)／set free: 人を自由にする／simple: 1枚の／whole damned bus: バスの野郎(バスを擬人化している)／cheering: 祝福する

この曲の使い方

Tie a Yellow Ribbon Round the Ole Oak Tree

★　使用時期

2年～3年

　内容がドラマチックなので，読み取りとして使うことが望ましい。例えば，最初のI'm coming home. と最後のI'm coming home. ではどう主人公の気持ちが違うか。また，still in prison があることから，my time や she holds the key とはどういう意味かを読み取らせることもできる。みなさんなら，ここで紹介する解説にこだわらず，この歌詞をどう読み取らせるだろうか。ぜひ，教師の「教材観」や「質問力」を磨いていただきたい。英語の歌を使う醍醐味は，まさに読み取りにある。

★　主な言語材料

【2年】　条件を表す節の if

　if you received my letter / if you still want me / if I don't see a ribbon

【3年】　時制のまとめ（現在・過去・未来・現在完了）

［現在］　I'm coming home. / tie a yellow ribbon / Do you still want me? / Please look for me. / I'm still in prison. / she holds the key. / A simple yellow ribbon (is) / The whole damned bus is cheering. / I can't believe my eyes. / I'm coming home.

［過去］　If you received my letter, / I couldn't bear to see / I wrote and told her.

［未来］　you'll know just what to do / I'll stay on the bus, forget about us, put the blame on me.

［現在完了］　I've done my time. / Now I've got to know… / It's been three long years.

★　授業での使い方

　ストーリーになっているので，訳（全訳や部分訳）をさせても面白いが，訳を与えずに，次のような箇所を読み取らせてはどうだろうか。

①I'm coming home. はどんな気持ちで言っている言葉か。

　歌っているのは，トニー・オーランドとドーンで，彼らは1971年に Knock Three Times（ノックは3回）で全米1位を獲得している。この「幸せの黄色いリボン」は1973年のヒット曲で，発売後3週間で300万枚も売れた。年間のベストワンにもなっている。世界中でも売れに売れ，全英チャートでは1973年の4月から4週間，オーストラリアでは5月から7月までの7週間トップに君臨した。

The Definitive Collection / Tony Orlando & Dawn / アリスタBVCM-31014

Tie a Yellow Ribbon Round the Ole Oak Tree

　　　　（刑務所を出て家に向かううれしさと，妻が待っていてくれるかどうかという不安な気持ち）

②I've done my time. の my time とは何か。（刑期）

③Then you'll know just what to do if you still want me. の what to do とは何をすることか。（黄色いリボンを樫の木に結ぶこと）

④If you still want me の want me とはどういうことか。（一緒に暮らすこと）

⑤I'll stay on the bus. を他の英語にするとどうなるか。
　（I'll leave and never see you again.）

⑥I'm still in prison. はなぜそう思うのか。（妻の許しがまだないから）

⑦The whole damned bus は，なぜそう言っているのか。
　（うれしくてたまらないから。乗客も含めてバス全体という形で擬人化し，最高の喜びを表している）

⑧A hundred yellow ribbons は何を意味しているか。
　（妻の「ずっと待っていたのよ」という気持ち）

⑨主人公は，心配のあまり if を多用しているが，if を使った節の部分だけを下線にして訳し，不安な気持ちの変化の様子を考えさせるのも面白い。
　If you received my letter（手紙は本当に届いているだろうか）
　if you still want me（気持ちが変わっていないだろうか）
　If I don't see a ribbon（リボンがなかったらどうしよう）

⑩最後の I'm coming home. を言っているときの主人公はどんな気持ちか。
　（第1，第2スタンザでは，次の条件節で，家に向かうときの不安な気持ちが読み取れる。第3スタンザでは，家が近づくにつれてドキドキしてうつむいている様子が分かる。第4スタンザは，第1～第3スタンザとはうって変わって，感動のあまり涙があふれている。）

★　生徒の感想

「テレビで高倉健さん，倍賞智恵子さん主演の映画『幸せの黄色いハンカチ』を見たことがあります。この歌がヒントになって作られていたんですね。主人公が，夕張に向かっていく場面，たまらなくなって引き返そうとする場面では，ハラハラ，ドキドキしました。そして，最後に鯉のぼりの竿に無数の黄色いハンカチが風になびいているのを見たとき，涙が止まらなくなってしまいました」（女子）

「Woah, tie a yellow ribbon …のところ，知らず知らずのうちに歌ってしまいます。忘れられない曲になりそうです」（女子）

　　　　　　　　　　　　　　　　　　　　（担当：中嶋洋一）

8. If We Hold On Together

words by Will Jennings / music by James Horner / sung by Diana Ross

Don't lose your way
   with each passing day.
You've come so far.
Don't throw it away.
Live believing.
Dreams are for weaving.
Wonders are waiting to start.
Live your story.
Faith, hope and glory.
Hold to the truth in your heart.

* If we hold on together,
   I know our dreams will never die.
Dreams see us through to forever
   where clouds roll by
   for you and I.

Souls in the wind
   must learn how to bend.
Seek out a star.
Hold on to the end.
Valley, mountain,
   there is a fountain,
   washes our tears all away.

Words are swaying.
Someone is praying.
Please let us come home to stay.

* Repeat

When we are out there in the dark,
   we'll dream about the sun.
In the dark we'll feel the light.
Warm our hearts every one.

If we hold on together,
   I know our dreams will never die.
Dreams see us through to forever
   as high as souls can fly.
The clouds roll by for you and I.

イフ・ウィ・ホールド・オン・トゥゲザー　　歌：ダイアナ・ロス

道を見失わないで
忙しい毎日でも
こんなに遠くまで来たんですもの
投げ出さないで
信じてちょうだい
夢は自分で紡ぐもの
素晴らしいことが待っているわ
自分の物語を生きてちょうだい
信念と希望を持って，栄光を夢見て
自分の心の真実にしがみついて

＊私たちが一緒にがんばれば
　夢は決して死なないの
　夢は永遠のもの
　そこでは雲がぐんぐん流れて行くわ
　あなたと私のために

生き物は風にその身をなびかせることを
知らなければ生きていけないの
輝く星を捜し出しましょう
最後まであきらめないで
人生には山も谷もあるわ
きれいな泉の水は
涙を洗い流してくれるわ

言葉は揺れているの
誰かが祈っているわ
二人が落ち着くところにいさせてちょうだい

＊くり返し

暗闇の中にいるときでも
明るい太陽のことを夢見ましょう
暗闇の中でも，光は感じるわ
心を温めてくれる光が

私たちが一緒にがんばれば
夢は決して死なないの
夢は永遠のもの
魂が飛び上がれるほど高いところまで
雲がぐんぐん流れて行くわ
あなたと私のために

---

passing: 通りすぎる／far: 遠く／weave: 織る／wonder: 不思議なこと／faith: 信念／glory: 栄光／hold to: 〜につかまる／truth: 真実／hold on: 持ちこたえる，がんばる／through: 〜を通して／roll by: 通りすぎて行く／soul: 魂,命／bend: 曲がる／seek out: 捜し出す／valley: 谷／fountain: 泉／wash away: 洗い流す／sway: 揺れる／pray: 祈る／let: 〜させる／one: この場合はheartのこと

この曲の使い方

If We Hold On Together

★　使用学年・時期

　詞の抽象性から，3年生で使うのが適当だと思う。それも秋以降で，生徒が大人になってきた頃がよい。私は10月か11月の歌にしている。

　この歌は抽象的な内容となっている。破れてしまった男女の恋の歌と取ることもできるし，友情の歌とも取れる。聞き手によっていろいろな感じ取り方があっていい。私は後者の立場を取って授業で使っている。中学3年の2学期というと大きな学校行事はあらかた終わっており，進路希望調査や三者面談があったりして，受験を強烈に意識し始める時期である。ともすれば自分のことだけで精一杯になりがちな時期だからこそ，担任や学年教師はこんなふうに生徒に語りかける。「もっと目を開け。周りを見ろ。つらいのはお前だけじゃない。がんばっているのはお前だけじゃない。こんなときだからこそ，これまで培ってきたクラスや学年としての一体感を大事にすべきだ。お前の隣に座っているのは友であり，ライバルではない。」この歌を授業で使うようになってから，上記のような檄を飛ばす回数は減った。だから英語の歌ってすてきなんです。

★　主な言語材料

①1年生で学習した現在進行形の復習（Wonders are waiting to start.）（Words are swaying.）（Someone is praying.）

②2年生で学習した接続詞の復習（If we hold on together,）（When we are out there...）

③2年生で学習した比較の表現（as high as souls can fly.）

④3年1学期で学習した現在完了形の復習（You've come so far...）

　既習文法項目が頻出する歌では，ワークシートに次のような問題を載せることもしばしばある。英語の歌を文法の復習に使う方法である。参考にしてほしい。

例

問1　現在進行形の部分に下線を引きなさい。

問2　接続詞に下線を引きなさい。

問3　現在完了形に下線を引きなさい。

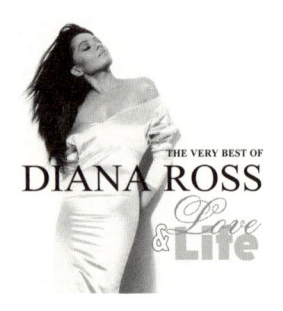

　Diana Ross はもとは The Supremes という女性3人のグループにいた。このグループは解散するまでに12枚のシングル・ナンバーワンヒットを飛ばしたが1970年に解散し，Diana Ross はソロ活動を始める。この If We Hold On Together はナンバーワンヒットにはならなかったが，日本のテレビドラマの主題歌として使われたので日本人にはなじみ深い。

The Very Best of Diana Ross / Diana Ross / EMI ミュージック TOCP-70164

If We Hold On Together

★　実際の授業での流れ

　聞き終わった後に「自分が好きな部分に下線を引きなさい」「引いたら立ち上がって，同じところに線を引いた人を捜しなさい」と指示する。さまざまな答えが出るだろうが，どれも正解である。今の自分を抽象的に表している部分を挙げる生徒が多い。逆に「こうありたい」という部分に下線を引く生徒もまた多い。

　私がこの歌の解説の中で強調するところは，次の通りだ。

Don't lose your way with each passing day.
「受験が近づいて毎日忙しいけど，そんなときこそ自分を見失わないで」
Don't throw it away.
「あきらめちゃだめ。これまでの努力は無駄じゃないんだよ」
Dreams are for weaving.
「夢って人から与えられるものではなくて自分で紡ぎ出すもの」
Souls in the wind must learn how to bend.
「かたくなにならないで。人生，時には妥協も必要だよ」
Hold on to the end.
「文字通り，最後までがんばろうよ」

★　生徒のリアクション

　アップテンポでノリのよいロックなら生徒はよく歌う。しかし，静かなバラードでは大合唱とはなかなかならない。でも，それでもいいのだ。それが自然なのだ。生徒はそれぞれの世界に入って思いを巡らせながら口ずさむ。この曲で，生徒の声が揃い始めるのはLive believing. Dreams are for weaving. Wonders are waiting to start. あたりからだ。そして，サビの部分のIf we hold on together, I know our dreams will never die. では低いが力強い声が教室中に響く。1カ月間ずっと毎回の授業で歌っても生徒は飽きることがなかった。

　2007年度の3年生は歌の好きな学年だった。たった90人くらいの学年だが，合唱祭で「We Are the Worldをやろう」と生徒の1人が呼びかけたら，なんと3分の2の生徒が集まった。当日の発表を聞いた保護者からは，絶大で熱狂的な支持を得た。「これまで，生徒のこれほど熱い歌声を聞いたことがありません。ぜひ来年度も続けてほしい」生徒の気持ちが英語の歌詞に乗った瞬間だったのだろう。

（担当：北原延晃）

9 Bad Day
words, music and sung by Daniel Powter

Where is the moment we needed it the most?
You kick up the leaves and the magic is lost.
They tell me your blue skies fade to gray.
They tell me your passion's gone away.
And I don't need no carryin' on.

You're standing in the line just to hit a new low.
You're faking a smile with the coffee to go.
You tell me your life's been way off line.
You're falling to pieces every time.
And I don't need no carryin' on.

'Cause you had a bad day.
You're taking one down.
You sing a sad song just to turn it around.
You say you don't know.
You tell me don't lie.
You work at a smile and you go for a ride.
You had a bad day.
The camera don't lie.
You're coming back down and you really don't mind.
You had a bad day, you had a bad day.

Well you need a blue sky holiday.
The point is they laugh at what you say.
And I don't need no carryin' on.

'Cause you had a bad day.
You're taking one down.
You sing a sad song just to turn it around.
You say you don't know.
You tell me don't lie.
You work at a smile and you go for a ride.
You had a bad day.
The camera don't lie.
You're coming back down and you really don't mind.
You had a bad day.
(Oooh…a holiday)

Sometimes the system goes on the blink
and the whole thing turns out wrong.
You might not make it back and you know
that you could be well, oh that strong,
and I'm not wrong.

So where is the passion when you need it the most?
Oh you and I,
you kick up the leaves and the magic is lost.

'Cause you had a bad day.
You're taking one down.
You sing a sad song just to turn it around.
You say you don't know.
You tell me don't lie.
You work at a smile and you go for a ride.
You had a bad day.
You've seen what you like.
And how does it feel for one more time?
You had a bad day, you had a bad day.

Had a bad day.
Had a bad day.
Had a bad day.

バッド・デイ 〜ついてない日の応援歌〜　　歌：ダニエル・パウター

僕たちが一番必要としていたひとときはどこに
　　あるんだろう
君は落ち葉を蹴り上げ，魔法を失った
ねえ，君の心は曇りかけているのかい
熱い気持ちもなくなってきたのかい
でも，僕はそんなの気にしないよ

またいやなことに出くわすのを，君は待っているだけ
作り笑いしながら，コーヒーを飲んでいる
オレの人生，ずっと止まったまんまだと，君は言う
もうすっかり疲れ果てたね
そんなこと続けなくていいんだよ

だって今日はついてなかったんだ
君はまた落ち込んで
それを紛らわそうと，悲しい歌を歌ってる
もう何もわからないと，君は言うけど
嘘なんかつかなくてもいいんだ
君は無理に笑って，また出かけていく
ついてなかったんだ
カメラはウソをつかない
また元気になれるさ，何も気にならなくなるさ
君はついてなかったんだよ
それだけなんだよ

そうだ，心の青空を取り戻す休日が必要だ
問題は，彼らが君の言うことを笑って聞いていることだ
でも，そんなの気にしなくていいのさ

だって今日はついてなかったんだ
君はまた落ち込んで
それを紛らわそうと，悲しい歌を歌ってる
もう何もわからないと，君は言うけど
嘘なんかつかなくてもいいんだ
君は無理に笑って，また出かけていく
ついてなかったんだ
カメラはウソをつかない
また元気になれるさ，何も気にならなくなるさ
君はついてなかったんだよ
(そう，ゆっくり休みなよ！)

時々，システムが故障してしまい
すべてうまくいかなくなることもある
取り返しがつかないかもしれないし
どうにかできるかもしれない，かなりね
そう，僕は間違っていないはずだよ

そう，一番必要としている情熱はどこにあるん
　　だろう
君と僕
君は落ち葉を蹴り上げ，魔法を失った

だって今日はついてなかったんだよ
君はまた落ち込んで
それを紛らわそうと，悲しい歌を歌ってる
もう何もわからないと，君は言うけど
嘘なんかつかなくていいんだ
君は無理に笑って，また出かけていく
ついてなかったね
自分の好きなことは分かるだろ
それがどんな感じなのかも
だから，もう一度だけやってみたら
ついてない日だった
ほんのちょっとついてなかっただけさ

ついていなかっただけさ

Where is the moment (that) we needed it the most?／fade to gray: 灰色にあせていく／passion: 情熱／carry on: 続ける／stand in the line: 列に並んで／low: 最低のこと(トランプで最低位の切り札)／fake: ふりをする／the coffee to go: コーヒーを飲もうとしている／way off line: 道から外れている／fall to pieces: 粉々になる／turn it around: 回転させる(よくする)／lie: うそをつく／go for a ride: 車で出かけていく／laugh at: 〜を笑う／on the blink: (機械が)壊れている／turn out wrong: おかしくなる

この曲の使い方

Bad Day

★　使用時期

2年～3年

　この曲は新しいだけでなく，今までの曲にはない新しいメッセージをもっている。使いたい時期は，2年の中だるみの時期，3年なら2学期後半の受験で悩む時期。「そんなに頑張らなくていいんだよ。失敗することもあるさ。そう，単に今日はついてなかっただけ」こう言われたら，誰でも気が楽になる。「ついてない日の応援歌」というサブタイトルもインパクトがある。

★　主な言語材料

【2年】

①接続詞の that

　　You say you don't know. / you know that you could be well

② to 不定詞

　　to hit a new low / coffee to go / to turn it around

③接続詞の when

　　Where is the passion when you need it the most?

【3年】

現在完了形

　　Your life's been way off line. / You've seen what you like.

★　授業での使い方

　歌詞の内容は，中学生が読み取りや訳をするにはやや難しいかもしれない。carry on, hit a new low, coffee to go, way off line, fall to pieces, take down, turn around, go for a ride, come back down, go on the blink, turn out wrong, make it back などの熟語がたくさん出てくるので，無理に訳させようとすると，熟語になじみない生徒はとまどうだろう。

　むしろ，この曲は内容がとても良いし，何よりも覚えやすい曲なので，訳も与えて意味を取らせ，しっかりと歌えるようになるまで練習することをお薦めする。Bad Day のビデオ・

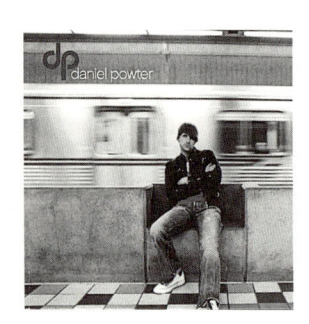

　ダニエル・パウターは 1971 年カナダ生まれ。地元ヴァンクーバーでの長い下積みの後，2005 年に出した「バッド・デイ～ついてない日の応援歌～」が全世界で大ヒット。最初はヨーロッパから火がつき，イギリス，フランス，ドイツ，本国カナダなど 14 カ国以上で 100 万枚を超える売り上げを記録。イギリス，フランス，アイルランド，オーストラリアでは，ゴールド・ディスクを獲得している。アメリカでは，超人気テレビ番組「アメリン・アイドル」のエンディングに使われたのがきっかけでブレークした。

Daniel Powter / Daniel Powter / ワーナーミュージック WPCR-12496

Bad Day

　クリップは，CDを購入するとついてくるが，You Tubeでも配信されている。このPV（プロモーション用映像）はとてもよくできており，ぜひ生徒たちに見せたい。

　時間的にゆとりがあれば，発展的な活動として，「My Bad Day（私のついてなかった日）」を書くという課題を与えたい。マッピング（ウェビング）を使って，「相手に伝わりやすくするには，どんな流れにすればよいか」を意識させる。全体構想を十分に練り，書き終わったら，ペアでお互いに交換して読み，それに対してメッセージを書いたり，わかりにくいところを指摘したりする。書き直してから，グループごとにショート・スピーチ大会をしてもよい。いずれにしても，くよくよしないでI had a bad day! I had no luck.と気軽に書かせたい。

　人は，疲れやストレスが溜まってくると，ついマイナス思考になりがちだ。生徒たちも同じだ。また失敗するかもしれないと考えると，臆病になってしまう。Once bitten, twice shy.（あつものに懲りてなますを吹く＝1度失敗をすると前の何倍も臆病になる）ということわざも，わかるような気がする。

　そんなとき，責められるのではなく，「ついてなかっただけなんだよ」と言ってもらえると，気持ちも軽くなる。ぜひ，入試に向けてつらい日々を過ごしている3年生へのメッセージ・ソングとして，この曲のポジティブなとらえ方を推奨し，彼らを元気付けたいものだ。

★　生徒のリアクション

　大学生たちが行った模擬授業では，この曲がよく取り上げられた。最後にアンケートをとってみると，多くの曲の中からこのBad Dayが圧倒的な支持を集めていた。理由として，「愛」「友情」といったテーマもいいけれど，失敗したり，めげたり，悩んだりすることがよくある自分たちにとっては，とても共感できる，元気付けられる曲だということだった。

　「模擬授業でBad Dayをやったときに，コーラスのところ（'Cause you had a bad day.）で，ン・パ・ン・パと手拍子が自然に出てきて，すごく乗れました。本当に『ついてなかっただけ』という気持ちになれ，すっきりしました」（大学2年生）

（担当：中嶋洋一）

10 Puff (The Magic Dragon)
words and music by Peter Yarrow and Leonard Lipton / sung by Peter, Paul and Mary

Puff, the magic dragon lived by the sea
and frolicked in the autumn mist in a land called Honah Lee.
Little Jackie Paper loved that rascal Puff
and brought him strings and sealing wax and other fancy stuff. Oh!

* Puff, the magic dragon lived by the sea
and frolicked in the autumn mist in a land called Honah Lee.
Puff, the magic dragon lived by the sea
and frolicked in the autumn mist in a land called Honah Lee.

Together they would travel on a boat with billowed sail.
Jackie kept a lookout, perched on Puff's gigantic tail.
Noble kings and princes would bow whene'er they came.
Pirates ships would lower their flags when Puff roared out his name. Oh!

* Repeat

A dragon lives forever, but not so little boys.
Painted wings and giant rings make way for other toys.
One gray night it happened. Jackie Paper came no more.
And Puff that mighty dragon, he ceased his fearless roar.

His head was bent in sorrow, green scales fell like rain.
Puff no longer went to play along the cherry lane.
Without his lifelong friend, Puff could not be brave.
So Puff, that mighty dragon sadly slipped into his cave. Oh!

* Repeat

パフ　　歌：ピーター・ポール・アンド・マリー

　　　パフは魔法の龍で，住みかは海辺ハナリーという国で，秋の霧の中で遊んでいた
　　　幼いジャッキー・ペーパーは，いたずら者のパフが大好きで
　　　紐や封ろうやら，きれいな飾りのついた物やらを持ってやって来た

＊　　パフは魔法の龍で，住みかは海辺ハナリーという国で，秋の霧の中で遊んでいた
　　　パフは魔法の龍で，住みかは海辺ハナリーという国で，秋の霧の中で遊んでいた

　　　帆いっぱいに風を受け，ふたりは一緒に旅をした
　　　パフの巨大な尻尾に腰掛けて，ジャッキーは周囲を監視した
　　　王様や王子様も，彼らが来るといつも深々とお辞儀
　　　パフが大声で吼えて名乗りを上げれば，海賊も旗を下ろしたもの

＊くり返し

　　　龍の命は永遠だが，少年はいつか大人になる
　　　大きなリングが付いた色つきの羽根も，他のオモチャに取って代わられる
　　　ある曇った夜のこと，ジャッキー・ペーパーはもう龍のところに来なくなった
　　　そして最強の龍パフは，恐れ知らずの咆吼を止めた

　　　パフは悲しくうなだれ，身体からは緑色のうろこがパラパラとはがれ落ちた
　　　パフはもう桜咲く小径に遊びに行くこともなくなった
　　　生涯の友を失って，パフは勇猛果敢でいられなくなった
　　　だから，最強の龍パフは悲しげに住みかの洞窟に滑り込んだ

＊くり返し

---

frolic: 遊び戯れる／mist: 霧,霞／rascal: いたずらっ子／string: 紐,糸／sealing wax: 封ろう／fancy: きれいな色や飾りの付いた／stuff: もの（の集まり）／billow:（帆・旗などを）風で膨らませる／sail: 帆／keep a lookout: 見張りをする／perch ～ on...: ～を…に腰掛けさせる／gigantic: 巨大な／whene'er ＜ whenever／pirate: 海賊／lower: 下げる／roar out: 大声でほえる／make way for ～: ～に道を譲る／cease: 止める／in sorrow: 悲しくて／scale: うろこ／lane: 小道,細道／lifelong: 生涯の,一生の

この曲の使い方

Puff (The Magic Dragon)

★ 使用学年

中学3年，高校1, 2年

★ 使用時期

①言語材料

分詞の形容詞的用法（後置修飾）と関連付けて

分詞の副詞的用法（分詞構文）と関連付けて

②題材

友情，出会いと別れ，平和などと関連付けて

★ 主な言語材料

①分詞の形容詞的用法（過去分詞）

in a land called Honah Lee

← call ～ Honah Lee

②分詞構文（過去分詞）

perched on Puff's gigantic tail

← perch ～ on Puff's gigantic tail

★ 授業での使い方

以下のような問答を通して，語句の表す意味や情景について，じっくりと考えさせてから歌わせたい。

①龍の名前 Puff にはどんな意味があるのだろうか。

→puff は，日本語で言えば「フッ」という呼気を表す擬声語で「息・煙などをパッとはく（こと）」という意味を表す。

②どんな龍だろう。絵を書いてみよう。

→日本や中国での龍は大蛇に似た胴体で四肢は小さく背びれがある。一方，英米人にとっての dragon は太くがっしりとした四肢を持っている。最も大きな違いは，dragon には鷲のような大きな羽が付いていること。

③行末の単語が韻（rhyme）を踏んでいる。それを探してみよう。

Peter, Paul and Mary は1960年代のアメリカで最も成功したフォークソング・グループの1つで，3人のメンバー Peter Yarrow (vocal, guitar), Noel Paul Stookey (vocal, guitar), Mary Travers (vocal) の first name から名付けられている。「パフ」は友人 Lipton の詩に Yarrow が補筆して曲を付けたもので，1963年に録音されて大ヒットを記録した。歌詞は，不老不死の龍パフとジャッキー・ペーパー少年との交流と別れを描いている。

The Very Best of Peter, Paul and Mary / Peter, Paul and Mary / ワーナーミュージック WPCP-3877

Puff (The Magic Dragon)

　　　→冒頭から順に，seaとLee，Puffとstuff，sailとtail，cameとname，boysとtoys，moreとroar，rainとlane，braveとlane。全ての行が脚韻を踏んでいる。
④mistは霧・霞だが，fogとはどう違うのだろうか。
　　　→fogは濃霧・霧雨。逆に，mistよりも薄いのがhaze（靄）。日本語ではmistを季節によって，春は「霞」，秋は「霧」と呼び分けることがある。
⑤sealing waxとはどんなものだろうか。
　　　→現在ではほとんど使わないが，昔は封筒に封をした後で，ろうのかけらを置いて熱した金属等で溶かして厳封するときに用いた。他にも，荷物をひもで梱包した後で結び目のところを固めるために使ったりもした。また，釣り竿などの接合部のすき間を埋めるために，糸を巻き付けた上からろうで固めることもあった。この歌では，どの用途なのかは特定できないが，子どもの遊び道具の例だと考えられる。
⑥海賊船がlower their flagsとあるが，「旗を降ろす」という行為は何を表しているのか。
　　　→「闘う意志がない，降伏する」などを表している。
⑦「緑のうろこが雨のように落ちる」とは何を象徴しているのか。
　　　→魚は弱ってくるとうろこがはがれやすくなる。そのことから，パフの心と体が弱っていることを暗示している。
⑧ジャッキー少年の成長は，歌詞でどのように表現されているのか。
　　　→最初に登場したときは，little Jackie Paperで「幼い」ことを示しているが，最後のほうではlittleが付かず，すでに「幼くはない」ことが暗示されている。

★　生徒のリアクション

　「パフ」は日本語の歌詞を付けて歌うこともある。以前，NHKテレビ「おかあさんといっしょ」で取り上げられ，小学校の音楽教科書にも掲載されている。そのため，この曲を知っている生徒は多い。また「パフ」の歌詞はアメリカでアニメにもなっている。単語は難しいが，それぞれの場面で歌詞が表す情景を心に描きながら歌わせたい。情景を絵に描かせてみるのも面白いだろう。

　　　　　　　　　　　　　　　　　　　　　　　　　　　（担当：久保野雅史）

11. From a Distance
words and music by Julie Gold / sung by Bette Midler

From a distance,
   the world looks blue and green,
   and the snow capped mountains white.
From a distance,
   the ocean meets the stream,
   and the eagle takes to flight.

From a distance,
   there is harmony,
   and it echoes through the land.
It's the voice of hope.
It's the voice of peace.
It's the voice of every man.

From a distance,
   we all have enough,
   and no one is in need.
And there are no guns, no bombs and
   no disease,
   no hungry mouths to feed.

From a distance,
   we are instruments
   marching in a common band,
   playing songs of hope,
   playing songs of peace.
They're the songs of every man.

* God is watching us,
   God is watching us,
   God is watching us
   from a distance.

From a distance,
   you look like my friend,
   even though we are at war.
From a distance,
   I just cannot comprehend
   what all this fighting is for.

From a distance,
   there is harmony,
   and it echoes through the land.
And it's the hope of hopes.
It's the love of loves.
It's the heart of every man.

It's the hope of hopes.
It's the love of loves.
This is the song of every man.

* Repeat

God is watching us,
   God is watching,
   God is watching us
   from a distance.

フロム・ア・ディスタンス　　歌：ベット・ミドラー

遠い所からだと
世界は青や緑に見え
雪に覆われた山は白く見える
遠い所からだと
海は小川と交わり
鷹は空を飛び回る

遠い所からだと
ハーモニーがあり
それは大地を通り抜けこだましている
それは希望の声
それは平和の声
それはみんなの声

遠い所からだと
私たちは満ちたりており
困っている人などいない
そして銃もなければ
爆弾も病もなく
食べ物がなくて空腹の人もいない

遠い所からだと
私たちは同じバンドで行進している楽器
希望の歌を演奏している
平和の歌を演奏している楽器
それは全ての人々の歌

＊ 神様は私たちをごらんになっている
　 神様は私たちをごらんになっている
　 神様は私たちをごらんになっている
　 遠い所から

遠くから見れば
あなたは私の友だちのように見える
私たちは戦っているというのに
遠くから見れば
私には理解できない
これらすべて戦いは何のためなのか

遠くから見れば
調和があり
それは大地を通り抜けこだましている
それは希望の中の希望
それは愛の中の愛
それはみんなの心

それは希望の中の希望
それは愛の中の愛
これは全ての人々の歌

＊くり返し

神様は私たちをごらんになっている
神様はごらんになっている
神様は私たちをごらんになっている
遠い所から

---

snow capped mountains: 雪を頂いた山々／the ocean meets the stream: 海と川が合流している／take to ～: ～に没頭する,ふける／comprehend: 理解する

この曲の使い方

From a Distance

★　**使用学年**

中学3年～高校

★　**主な言語材料**

後置修飾（現在分詞，不定詞），

There is / are,

look 形容詞，look like 名詞

★　**授業での使い方**

この曲は環境問題，戦争と平和，人権問題など，さまざまなトピックに関連性がある。中3ではそのような内容を扱う単元があるので，その折に紹介したい曲である。

①From a Distance を聞かせた後，歌詞カードを配布する。

②以下の部分について，意味を考えさせる。

　From a distance, the world looks blue and green.

　From a distance, there is harmony.

　From a distance, we all have enough, and no one is in need.

　And there are no guns, no bombs and no disease, no hungry mouths to feed.

　From a distance, we are instruments marching in a common band, playing songs of hope, playing songs of peace.

③上記の文について，「近くで」見るとどうなのかを考えさせる。

④この曲の背景や，1990年に起こった湾岸戦争について説明する。

⑤くり返し部分の歌詞を読んで，どんな気持ちがするかを話し合わせる。

⑥湾岸戦争勃発時に行われた大規模なコンサートで，Bette Midler がこの曲を歌ったことと，そのときの聴衆の反応を説明し，聴衆は God is watching us. をどう受け止めたかを考えさせる。

⑦この曲の終盤に出てくる war と fighting が何をさすかを考えさせる。

⑧この曲の歌詞には，2つの解釈があることを説明する。

湾岸戦争では，流れ出した原油が多くの樹木を死に絶えさせた。中には，砂漠の緑

この曲は1985年にアメリカのシンガー・ソングライター Julie Gold によって書かれ，彼女の友人から紹介された Nanci Griffith が1987年に最初にレコーディングした。その後さまざまなアーティストによってカバーされ，中でも Bette Midler のカバーは，1990年 Billboard Adult Contemporary 部門で1位になり，翌1991年にはグラミー賞の Song of the Year を受賞している。

Some People's Lives / Bette Middler / アトランティック WPCR-75263

From a Distance

　化運動で日本の海外青年協力隊が苦労の末に植林に成功したものもあった。当時のアメリカ大統領はジョージ・ブッシュ。そして，イラク戦争を始めたのは，息子のジョージ・W・ブッシュである。

　湾岸戦争では空爆の様子がテレビ放映され，ハイテク戦争と言われた。まるで射撃型のテレビゲームのように感じた視聴者も多かったはずだが，その陰には多くの犠牲者がいたことを写真や映像などの資料で伝えたい。

　この曲の重大性は，2つ受け取り方があるところである。

　1つ目は，反戦歌としての位置付け。歌詞には戦争の無益さを訴えている部分があり，平和を希求する歌であることが伝わってくる。ここで1つの逸話を紹介しよう。

　1990年に湾岸戦争が勃発したとき，中東に派遣される兵士たちを激励するため，有名な歌手を集めて大きなコンサートが開かれた。その最後にステージに現れたのがBette Midlerで，彼女はこの曲を歌った。God is watching us. がくり返されるところでは，会場からすすり泣きが聞こえ始めた。「はたして，この戦争は正しのか？　正義の戦争などあるのか？」と聴衆が思い始めたという説である。

　一方，この曲は「湾岸戦争に派遣された兵士を鼓舞した」という理由で，米国陸軍からMinute Man Awardを，国防総省からはSeven Seals Awardを受賞している。歌詞をよく味わってみると，「遠くから見ると，私たちは満ち足りており，困っている人などいないし，銃もなければ，爆弾も病もなく，飢餓で苦しんでいる人もいないように思えるが，実はそうではない。だからこそ，我々が何とかしよう。神様はそれを見守ってくれるから」というふうにも受け取れる。I just cannot comprehend what all this fighting is for. という部分のfightingが何をさすかを考えると，この言葉にも2つの受け取り方があることがわかる。すなわち，「イラクが起こした紛争」と「湾岸戦争」である。

　作者のJulie Goldは湾岸戦争が勃発する5年ほど前にこの曲を書いており，おそらく反戦歌を意図していたと思われるが，世間では異なった使われ方をした。2001年9月11日のアメリカ同時多発テロ以降も，兵士として中東派兵された家族の無事帰還を願う歌として，聖歌隊や少年少女合唱団などによって盛んに歌われていた。

★　生徒のリアクション

　授業はオープンエンドで終える。言葉の持つ多義性や曖昧さを感じた生徒はインターネットでさらに深く調べたり，自分なりの解釈を始める。You Tubeで見られるBette Midlerの実写版と，さまざまな写真を背景にこの曲が流れる版とを比較してみると，いろいろな感情が湧くと思われる。

（担当：田尻悟郎）

12. Every Breath You Take
words and music by Sting / sung by The Police

Every breath you take,
   every move you make,
   every bond you break,
   every step you take,
   I'll be watching you.

Every single day,
   every word you say,
   every game you play,
   every night you stay,
   I'll be watching you.

* Oh, can't you see?
You belong to me.
How my poor heart aches
   with every step you take!

** Every move you make,
   every vow you break,
   every smile you fake,
   every claim you stake,
   I'll be watching you.

Since you've gone
   I've been lost without a trace.
I dream at night. I can only see your face.
I look around but it's you I can't replace.
I feel so cold and I long for your embrace.
I keep crying baby, baby, please....

* Repeat
** Repeat

Every move you make,
   every step you take,
     I'll be watching you.

I'll be watching you.
I'll be watching you.
I'll be watching you....

見つめていたい　　歌：ポリス

君が息するたびに
君が動くたびに
君が裏切るたびに
君が離れていくたびに
僕は君を見つめているだろう

日ごとに
君の言う一言一言
君の見せる素振りの１つ１つ
君のいる一夜一夜
僕は君を見つめているだろう

*　わからないのか
　　君は僕のものなんだ
　　どれ程僕の心は痛むのか
　　君が離れていくたびに

** 君が動くたびに
　　君が誓いを破るたびに
　　君が笑いをつくるたびに
　　君が権利を主張するたびに
　　僕は君を見つめているだろう

君が僕のもとを去ってから
わだちが消えて自分を見失いそうだ
夢を見れば
君のことばかり
見回してもかけがえのない君だけがいる
とても寒く，君に抱きしめてもらいたいんだ
僕は泣き続ける，愛しい君よ，お願いだから……

　　　　　*くり返し
　　　　**くり返し

　　君が動くたびに
　　君が離れていくたびに
　　僕は君を見つめているだろう

　　僕は君を見つめているだろう
　　僕は君を見つめているだろう
　　僕は君を見つめているだろう……

---

breath:息／move: 動き／bond: きずな／I'll be watching you.: 君を見つめ続けるだろう。／How my poor heart aches〜!: どれほど貧しい心が痛むのか。(感嘆文)／vow: 誓い／fake: ふりをする／claim:要求／stake: 賭ける／belong to〜: 〜に所属する／I've been lost: さまよっている／without〜: 〜なしに／replace: 置き換える／keep crying: 泣き続ける／long for〜: 〜を望む

この曲の使い方

Every Breath You Take

★　使用学年
　　3年生またはどの学年でも

★　使用時期
　　後置修飾（関係代名詞目的格の省略）の理解ができてから

★　主な言語材料
　①関係代名詞
　　Every breath you take ／ Every move you make ／ Every bond you break
　②フレイズ
　　You **belong to** me.　　I **long for** you.

★　授業での使い方
　　歯切れのよいドラムとギターサウンドで始まり，体が自然にリズムに反応して，だんだんのってくる曲である。歌詞はそれほど難解ではなく，中学1・2年生でも歌える曲である。
　　導入時には，歌を聴かせた後でFill in the blanksを行うとよい。その際，韻（rhyme）を踏んでいる部分を（　）抜き（虫食い）にしたワークシートを配布して，歌をリスニングしながら正しい言葉を書いていくように指示するとよい。

ワークシート1　**EVERY BREATH YOU TAKE**

★歌を聴いて，（　　）内に聴き取った単語を書きましょう。

Every breath you （　take　）, every move you （　make　）,
　every bond you （　break　）, every step you （　take　）,
　I'll be watching you.

Every single （　day　）, every word you （　say　）,
　every game you （　play　）, every night you （　stay　）,
　I'll be watching you.

* Oh, can't you （　see　）?

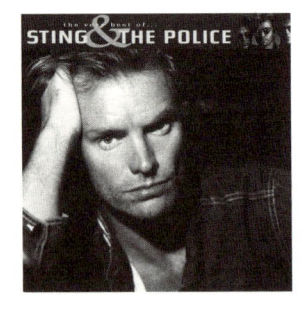

イギリスのロックバンドであるポリスは，1970年代半ばにかけて活躍。解散後もソロで活躍したベーシストでボーカルのスティングを筆頭にレゲエを基調とした独創的な楽曲を数多く残した。中でも，1983年に発表したアルバムSynchronicityからはEvery Breath You Takeがビルボード誌シングルチャート8週連続1位を記録した。レゲエのスピリットとパンク的な音楽性の絶妙なコラボは，今もなおファンから熱狂的に支持されている。

The Very Best of Sting & The Police / The Police / ユニバーサル　UICZ-1058

Every Breath You Take

You belong to (me).
How my poor heart (aches) with every step you (take)!

** Every move you (make), every vow you (break),
every smile you (fake), every claim you (stake).
I'll be watching you.

Since you've gone, I've been lost without a (trace).
I dream at night. I can only see your (face).
I look around but it's you I can't (replace).
I feel so cold and I long for your (embrace).
I keep crying baby, baby, please.

* Repeat　　**Repeat
Every move you (make), every step you (take),
I'll be watching you.

歌い始めて1週間くらい経ち，慣れてきた頃，ワークシート2を配布してFill in the blanks をした単語と同じ韻（rhyme）を持ち，すでに学習した単語を書き出させるとよい。その際，教科書や辞書を参考にするとよい。

──────── ワークシート2　**EVERY BREATH YOU TAKE** ────────

★次の語の下線部と同じ発音を持つ単語を書き出しましょう。教科書や辞書を参考にしましょう。

ta<u>ke</u>　ma<u>ke</u>　br<u>ea</u>k　<u>a</u>ches　f<u>a</u>ke　st<u>a</u>ke
(　　　　　　　　　　　　　　　　　　　　　　　　　　)
d<u>ay</u>　s<u>ay</u>　pl<u>ay</u>　st<u>ay</u>
(　　　　　　　　　　　　　　　　　　　　　　　　　　)
s<u>ee</u>　m<u>e</u>
(　　　　　　　　　　　　　　　　　　　　　　　　　　)

（担当：蓑山昇）

13 Tears in Heaven
words by Eric Clapton and Will Jennings / music and sung by Eric Clapton

* Would you know my name
　　if I saw you in heaven?
Would it be the same
　　if I saw you in heaven?
I must be strong
　　and carry on.
'Cause I know I don't belong
　　here in heaven.

Would you hold my hand
　　if I saw you in heaven?
Would you help me stand
　　if I saw you in heaven?
I'll find my way
　　through night and day.
'Cause I know I just can't stay
　　here in heaven.

Time can bring you down.
Time can bend your knees.
Time can break your heart.
Have you beggin' please?
Beggin' please?

Beyond the door
　　there's peace, I'm sure.
And I know there'll be no more
　　tears in heaven.

* Repeat

　'Cause I know I don't belong
　　　here in heaven.

ティアーズ・イン・ヘヴン　　歌：エリック・クラプトン

＊天国で会ったら
　父さんの名前を覚えていておくれ
　天国で会ったら
　何も変わらずにいておくれ
　お父さんは強く生きていくよ
　なぜなら父さんは天国にはいられないのだから

　天国で会ったら
　手を握っておくれ
　天国で会ったら
　父さんを支えておくれ
　父さんは夜に昼をついで自分の行く道を探すから
　なぜなら父さんは天国にいるわけにはいかないんだから

　時間というものは人を落ち込ませたり
　祈りを捧げさせたり
　悲しませたりする
　時間には哀れみの気持ちがあるのだろうか

　ドアの向こうには
　きっと心の平和がある
　だから天国では
　父さんはもう涙は流さない

＊くり返し

　なぜなら父さんは天国にはいられないのだから

---

heaven: 天国／carry on: 生きていく／belong: ～に属する／'Cause = Because／help me stand: 立っているのに手を貸す／through: ～を通して／bring down: 元気をなくさせる／bend: 折る／knees: ひざ／beyond: ～の向こう側に

この曲の使い方

Tears in Heaven

★ 使用学年・時期

　3年生3学期，しかも入試が終わって卒業間近が望ましい。なぜなら，この歌は中学と高校の橋渡しをしているからだ。具体的には，この歌に何度も何度も使われている文法事項は高校で学習する仮定法過去である。この歌を歌えるようにしておくと高校での仮定法の理解が早くなる。

　この歌のできた経緯を生徒に話してやるといいだろう。この歌は，ニューヨークの超高層マンションでクラプトンの小さな息子が誤って窓から転落して亡くなったことをモチーフにしている。だから，対訳のIは「父さん」と訳した。この曲はロックをアコースティック楽器（電気を使わない）で演奏するスタイルの先駆けとなったUnpluggedというアルバムからの大ヒットとなった。しかし，2003年の日本公演で聞いたのを最後にクラプトンはもはやこの曲を歌わなくなった。

★ 主な言語材料

①仮定法過去

　Would you know my name if I saw you in heaven?

　Would it be the same if I saw you in heaven?

　Would you hold my hand if I saw you in heaven?

　Would you help me stand if I saw you in heaven?

　繰り返しも入れると6カ所もある。この文法項目は高校で学習する範囲なので深入りせずに，「現在そうではないが，そうだと仮定した場合の表現」程度の説明にとどめたい。ただし，「もし今～なら……なのになあ」という意味を表す仮定法過去や「あのとき～していたら今ごろは……だったのになあ」という意味を表す仮定法過去完了は，自由作文で生徒がよく使いたがる表現でもある。必要な生徒には個人指導すればよいだろう。

②助動詞

　I must be strong and carry on.

　I'll find my way through night and day.

Eric Claptonと言えば知らない人がいないブルース・ギタリストだ。デビューは1963年で伝説のバンドThe Yardbirds, Creamを皮切りにBlind Faith, Derek & the Dominosというグループを経てソロに。Slowhandという異名をとる。若い頃はもちろん，近年でもヒット曲を飛ばす大物アーチストである。

Unplugged / Eric Clapton / ワーナーミュージック WPCR-10119

Tears in Heaven

'Cause I know I just <u>can't</u> stay here in heaven.

Time <u>can</u> bring you down.

Time <u>can</u> bend your knees.

Time <u>can</u> break your heart.

'Cause I know I just <u>can't</u> stay here in heaven. の can とその他の can では意味が違う。

前者は可能・不可能を表しているのに対し，後者は可能性の有無を表している。「時には～することだってあるさ」程度の意味である。

③ there is/are... の未来形

And I know <u>there'll be</u> no more tears in heaven.

高校の範囲だが，生徒には予測がつくだろう。

★ 授業での使い方

行末の rhyming を利用して cloze test 形式の穴埋めプリントを作成する。プリントには日本語対訳と footnotes を載せる。次のように韻を踏んでいる箇所に下線を引き，書かせたい語を（　　）にする。

Would you know my (name)

if I saw you in heaven?

ここでは1行目の n<u>ame</u> と3行目の s<u>ame</u> が韻を踏んでいる。他には次のような韻がある。

5行目の str<u>ong</u> と7行目の bel<u>ong</u>

9行目の h<u>and</u> と11行目の st<u>and</u>

13行目の w<u>ay</u>，14行目の d<u>ay</u> と15行目の st<u>ay</u>

18行目の k<u>nees</u> と20行目の p<u>lease</u>

22行目の d<u>oor</u>，23行目の s<u>ure</u> と24行目の m<u>ore</u>

生徒に韻を踏んでいる箇所を探させるのも勉強になる。

★ 生徒のリアクション

受験も終わり，ほっとして自分以外のものに再び目が向くのが卒業前である。この歌の由来を話してやると生徒たちは下を向き，深く考えるようになる。子を亡くした親の悲しみ，命の大切さ，筆者はそんなことを卒業を前にして語った。Sing along できる歌ではない。じっと歌詞をかみしめさせたい。

（担当：北原延晃）

14. If I Had a Million Dollars
words and music by Steven Jay Page and Ed Robertson / sung by Barenaked Ladies

If I had a million dollars,
(If I had a million dollars,)
   well, I'd buy you a house.
    (I would buy you a house.)
And if I had a million dollars,
(If I had a million dollars,)
   I'd buy you furniture for your house.
    (Maybe a nice chesterfield or an ottoman.)
And if I had a million dollars,
(If I had a million dollars,)
   well, I'd buy you a K-car.
    (A nice reliant automobile.)
And if I had a million dollars,
(I'd buy your love.)

If I had a million dollars,
(I'd build a tree fort in our yard.)
If I had a million dollars,
(You could help. It wouldn't be that hard.)
If I had a million dollars,
(Maybe we could put a little tiny fridge
  in there somewhere.)

(Talking)
   You know, we could just go up there
     and hang out.
   Yep! Like, open the fridge and stuff.
     There'd already be foods laid out
     for us like little pre-wrapped sausages
     and things.
   Mmm!
   They have pre-wrapped sausages,
     but they don't have pre-wrapped bacon!
   Well, can you blame them?
   Uh, yeah!

If I had a million dollars,
(If I had a million dollars,)
well, I'd buy you a fur coat.
(But not a real fur coat. That's cruel.)
And if I had a million dollars,
(If I had a million dollars,)
well, I'd buy you an exotic pet.
(Yup, like a llama or an emu.)

And if I had a million dollars,
(If I had a million dollars,)
well, I'd buy you John Merrick's remains.
(Woo, all them crazy elephant bones!)
And if I had a million dollars,
(I'd buy your love.)

If I had a million dollars,
(we wouldn't have to walk to the store.)
If I had a million dollars,
(we'd take a limousine 'cause it costs more.)
If I had a million dollars,
(we wouldn't have to eat Kraft Dinner.)

(Talking)
   But we would eat Kraft Dinner.
   Of course we would. We'd just eat more!
   And buy really expensive ketchups with it.
   That's right, all the fanciest ketchup...
     Dijon ketchup!
   Mmmmmm!

If I had a million dollars,
(If I had a million dollars,)
well, I'd buy you a green dress.
(But not a real green dress. That's cruel.)
And if I had a million dollars,
(If I had a million dollars,)
well, I'd buy you some art.
(A Picasso or a Garfunkel.)
If I had a million dollars,
(If I had a million dollars,)
well, I'd buy you a monkey.
(Haven't you always wanted a monkey?)
If I had a million dollars,
(I'd buy your love.)

If I had a million dollars,
(If I had a million dollars,)
If I had a million dollars,
(If I had a million dollars,)
If I had a million dollars,
I'd be rich!

イフ・アイ・ハッド・ア・ミリオン・ダラーズ　　歌：ベアネイキッド・レディース

もしも100万ドル持っていたら
(もしも100万ドル持っていたら)
君に家を買ってあげるよ
(君に家を買ってあげるよ)
もしも100万ドル持っていたら
(もしも100万ドル持っていたら)
君の家用に家具を買ってあげるよ
(ソファーやオットマンのすてきなのをね。)
もしも100万ドル持っていたら
(もしも100万ドル持っていたら)
君に軽乗用車を買ってあげるよ
(すてきな頼れる自動車をね)
もしも100万ドル持っていたら
(君の愛を買うよ)

もしも100万ドル持っていたら
(庭に木の要塞を建てるよ)
もしも100万ドル持っていたら
(手伝ってね。そんなに大変じゃないから)
もしも100万ドル持っていたら
(小さな冷蔵庫を
その中かどこかに入れようよ)

あのね，木の要塞にのぼって
ぶらぶら過ごすんだ
いいね！　冷蔵庫を開けたりしてね。
あらかじめ包装されたソーセージなんかが
　俺たちのためにすでに並べられているんだ
ムムム
ソーセージはあるけど，
ベーコンはないんだ！
ま，責められないよな
ああ，そうだな！

もしも100万ドル持っていたら
(もしも100万ドル持っていたら)
毛皮のコートを買ってあげるよ
(でも本物の毛皮はだめ。残酷だからね)
もしも100万ドル持っていたら
(もしも100万ドル持っていたら)
エキゾチックなペットを買ってあげるよ
(うん。ラマとかエミューとか)

もしも100万ドル持っていたら
(もしも100万ドル持っていたら)
ジョン・メリックの遺物を買ってあげるよ
(ああ，あのばかげた象の骨ね)
もしも100万ドル持っていたら
(君の愛を買うよ)

もしも100万ドル持っていたら
(店に歩いて行かなくてもすむね)
もしも100万ドル持っていたら
(リムジンに乗れるぞ，もっと高くから)
もしも100万ドル持っていたら
(クラフトのインスタント食品を食べなくてすむ)

いやいや，俺たちはクラフトの
インスタント食品を食べるよ
もちろん今以上に食べるだろうね！
でも，高価なケチャップはつけようぜ
そりゃいい。最高級品のケチャップ。
ディージョン社のケチャップだ！
うまそう！

もしも100万ドル持っていたら
(もしも100万ドル持っていたら)
緑色のドレスを買ってあげるよ
(でも本当に緑のドレスを買うのはかわいそうだ)
もしも100万ドル持っていたら
(もしも100万ドル持っていたら)
芸術品をいくつか買ってあげるよ
(ピカソとかガーファンクルとか)
もしも100万ドル持っていたら
(もしも100万ドル持っていたら)
サルを一匹買ってあげるよ
(いつもサルがほしいって言ってたよね?)
もしも100万ドル持っていたら
(君の愛を買うよ)

もしも100万ドル持っていたら…
金持ちになれるよな！

---

furniture: 家具／chesterfield: 肘付きのソファー／ottoman: クッション付きの足のせ台／K-car: クライスラー社の小型乗用車／John Merrick: 本名Joseph Carey Merrick 生まれつきの奇形でエレファントマンと呼ばれていたが，優しい心の青年であり，デヴィッド・リンチ監督の映画のモデルになった／John Merrick's remain: 彼の遺品や遺骨をさし，歌手のMichael Jacksonが1980年代にエレファントマンの骨やラマやエミュー，サルなどの動物などに大金をつぎこんだことを皮肉っている／Kraft Dinner: マカロニとチーズの簡単パスタ料理

この曲の使い方

If I Had a Million Dollars

★　使用学年
　　中学2年〜高校

★　主な言語材料
　　仮定法過去

★　授業での使い方

(1) 教師が生徒に What will you do if you have a lot of money? と質問し，その答を英語で書かせる。フォーマットは「Ifを含む従属節＋主節」で，次の文ではその主節を従属節で使うこととする。生徒は4文書いたところで教師のチェックを受ける。

　〔例〕If I have a lot of money, I will go to New York.
　　　　If I go to New York, I will watch a baseball game.
　　　　If I watch a baseball game, I will be hungry.
　　　　If I am hungry, I will eat a hamburger.

　　4文とも正しく書けた生徒は，5文，6文と伸ばしていき，オチがつくまで書き続けるという課題を出す。オチを作ろうと思えば，前後関係を考えるようになるので，文脈の意識が高まる。その日に全員が4文書けるとは限らないので，数日の猶予を与えたり，テーマを変えたりして練習をしていく。

(2) 4〜6人のグループになり，教師の質問（例えば，What will you do if it rains tomorrow?）に対して，全員で協力して口頭で英文をつないでいく。書くことを許すと，膨大な時間がかかる可能性がある。最後の生徒が作り終えたら，教師を呼ぶよう指示する。

(3) グループで協力して作ったストーリーを，Player 1 → Player 2 → Player 3 → Player 4…という順に，それぞれの担当した文を教師に披露する。

(4) うまく言うことができたら，同じストーリーを，Player 2 → Player 3 → Player 4…→ Player 1 という順番で言う。つまり，1文ずつ順番をずらして，友だちが作った文を言うのである。4人のグループは4周，5人のグループは5周，6人のグループは6周というふうに，最初の文を言う生徒を1人ずつずらして，周回していく。そうすることによって，全員の生徒が全ての文を覚えないといけなくなる。このとき，グループの fast learners が slow learners に文を書いてやる光景が見られるが，それはよしとする。

(5) 一人ひとりの生徒が全ての文を覚えるまで，グループ内で個人練習する。

(6) グループの全員が全文を覚えた頃に，教師からストップウォッチを借りて，計時する。1人が1文を4秒で言うとすると，4人×4秒×4周＝64秒かかるので，4人グループは64秒以内（60

If I Had a Million Dollars はカナダ出身のグループ Barenaked Ladies の Gordon というヒットアルバムに収められている曲。ラジオのリクエストが多く，のちにシングルカットされた。彼らがこの曲をコンサートで歌うと，聴衆が歌詞中にある Kraft Dinner を投げることが流行り，困ったメンバーはそれをやめるよう懇願し，さらにコンサート会場に入れ物を置き，そこに聴衆が置いて帰った Kraft Dinner をフードバンクに寄付していた。

Disc One: All Their Greatest Hits 1991-2001 / Barenaked Ladies / ワーナーミュージック　WPCR-11118

If I Had a Million Dollars

秒でもよい）に4周することができるようになったら，再び教師を呼ぶよう指示する。5人グループは5人×4秒×5周＝100秒，6人グループは6人×4秒×6周＝144秒が目安。

(7) 指定された時間内に言えるようになったグループは，教師を呼んで披露する。うまくできたら，その文をノートに素早く書く練習をしたり，他の課題にチャレンジする。個人，ペア，グループの活動は，個人差，ペア差，グループ差が出るので，早く終わった場合のプラスアルファ教材を用意しておくとよい。

(8) If I Had a Million Dollarsを聞かせ，この歌の主人公は100万ドル持っていたら何を買うと行っているのかを聞き取らせる。中学生にとってこの歌詞は難しいので，単語が聞き取れればよいものとする。

(9) 仮定法過去をごく簡単に説明し，What would you do if you had a million dollars?と尋ねる。筆者の生徒からは，If I had a million dollars, I would show the money to my friends (and get some money from them).などの意見が出た。

＜ここからは高校編＞

(10) 次のCDショップでの独り言①と②の違いを考えさせる。

① Mmm. All the songs of this CD are good. I want to buy this CD. How much is it? Two thousand yen. OK. Fair enough. If I have 2,000 yen, I will buy it.

② Mmm. All the songs of this CD are good. I want to buy this CD. How much is it? Two thousand yen. Oh, no! I've just bought a magazine and I only have 1,900 yen now. I can't buy this CD. Gee. If I had 2,000 yen, I would buy it.

(11) If I have 2,000 yen, I will buy it.とIf I had 2,000 yen, I would buy it.を上下に並べて板書し，文字で2文の違いを確認する。

(12) 「君たちは入学したときはかわいかったなあ…」とつぶやく。生徒が「今はかわいくないってこと？」と言えばしめたもの。言ってくれなければ，「昔はかわいかった」ってことは，どういうこと？と尋ねる。その後，過去形を使うことで，今は違うという言外の意味が出てくることを確認する。

(13) What would you do if you had a million dollars?と尋ねて，英語で答えさせる。先に書かせてもよい。

(14) Barenaked LadiesのIf I Had a Million Dollarsを聞かせ，この歌では100万ドル持っていたら何をすると言っているかを聞き取らせる。

(15) その後，歌詞を渡して読解させる。変わったものを買おうとしていることや，夢がどんどん小さくなっていき，最後は「とりあえず金持ちにはなるね」というオチで終わっていることに気づかせる。

(16) 場合によっては，その後，仮定法過去完了を導入することも考えられる。

Last week I went to a CD shop. I wanted to buy a CD, but I had bought a magazine before that and I didn't have enough money to buy it. The CD was 2,000 yen, and I had 1,900 yen. If I had had 2,000 yen, I would have bought the CD.

(17) Gordonの他の曲を軽く聞かせ，If I Had a Million Dollarsでは，カントリー歌手の真似をして歌っていることを教えたり，歌詞がいろいろな意味でパロディになっていることを伝える。

（担当：田尻悟郎）

15 Blowin' in the Wind
words, music and sung by Bob Dylan

How many roads must a man walk down
   before you call him a man?
How many seas must a white dove sail
   before she sleeps in the sand?
Yes, 'n' how many times must the cannonballs fly
   before they are forever banned?

* The answer, my friend, is blowin' in the wind.
The answer is blowin' in the wind.

Yes, 'n' how many years can a mountain exist
   before it is washed to the sea?
Yes, 'n' how many years can some people exist
   before they are allowed to be free?
Yes, 'n' how many times can a man turn his head
   and pretend that he just doesn't see?

* Repeat

Yes, 'n' how many times must a man look up
   before he can see the sky?
Yes, 'n' how many ears must one man have
   before he can hear people cry?
Yes, 'n' how many deaths will it take till he knows
   that too many people have died?

* Repeat

風に吹かれて　　　歌：ボブ・ディラン

道を何本歩かなくてはならないのか
一人前の人間扱いされるまでには
海をいくつ飛び越えなくてはならないのか
白い鳩が砂浜で安眠できるまでには
そうさ，大砲の弾が何回飛び交わなくてはならないのか
戦闘が永遠に禁止されるまでには

＊友達よ，その答えは，風に吹かれてる
　答えは，風に吹かれてる

そうさ，どれくらいの年月，山は山として存在できるのだろう
雨に洗われて海に流れてしまうまでに
そうさ，どれだけの年月，一部の人々は現状のままなのだろう
人としての自由が認められるまでには
そうさ，何回，現実から目をそらせるのか
見て見ぬふりできるのか

＊くり返し

そうさ，何回，顔を空に向けなければならないのか
空が目に入るまでには
そうさ，人間ひとりに，耳はいくつ必要なのか
人々の叫び声が聞こえるためには
そうさ，どれだけ多くの命が失われなければならないのか
人が死ぬのはもうたくさんだと皆が気づくまでには

＊くり返し

---

dove: 鳩／sail: 海を渡る／Yes,'n'＜Yes, and／cannonball: 砲弾＜cannon: 大砲／ban: 禁止する／exist: 存在する／be allowed to～: ～することを許されている／pretend (that) ～: ～であるふりをする／death: 死＜die: 死ぬ／will it take＜it takes＋時間: (時間が)～かかる

この曲の使い方

Blowin' in the Wind

★ 使用学年

中学2, 3年生，高校1, 2年生

★ 使用時期

①言語材料：助動詞，接続詞，S+V+O+Cの文型と関連付けて
　　　　　　知覚動詞構文と関連付けて

②題材：人権，公民権運動，キング牧師などと関連付けて

★ 主な言語材料

①助動詞 must, can など

How many roads must a man walk down?

How many years can a mountain exist?

②接続詞 before

before you call him a man

③S+V+O+Cの文型

before you call him a man

④知覚動詞＋目的語＋原形不定詞

He can hear people cry.

★ 授業での使い方

歌詞の意味をじっくりと読み取らせるためには，先に時代背景等を補ったほうがわかりやすい。

＜時代背景を考えさせる＞

以下のような問答を通して，1960年代初頭のアメリカの状況を理解させたい。

①1960年代のアメリカと聞いて，思い付く人，有名な人は？

→ケネディ大統領，キング牧師，レイチェル・カーソン他

②当時は現代よりも人種差別がひどかった。どのようにひどかったのか。

→有色人種（colored）と白人（white）では，通学する学校や使用できる公共施設，交通機関の座席などに明確な区別をする地域があった。特に，アフリカ系アメリカ人，

アメリカで最も有名なシンガー・ソングライター Bob Dylan の作品。この歌は彼が1962年に作ったもので，セカンド・アルバム The Freewheelin' の冒頭に収録されている。Dylan のオリジナル自体は大してヒットしなかったが，Peter, Paul & Mary が1963年にカバーして大ヒットした。当時のアメリカでは，公民権運動が大きな盛り上がりを示していて，この歌はデモに参加する人たちから圧倒的な支持を受けた。

The Freewheelin' / Bob Dylan / ソニー・ミュージック MHCP-369

Blowin' in the Wind

　いわゆる黒人（black, negro）への差別がひどかった。社会科教員と連携すれば，当時に関する映像資料等を手に入れることは難しくない。

＜歌詞にこめられたメッセージを考えさせる＞
　　時代背景の理解を前提に，歌詞に使われた語句が象徴するメッセージについて，以下のような問答を通して深く考えさせたい。
①冒頭の「道を何本歩けば」とは，どんな意味だろうか。
　→roadが「努力・苦労」を象徴しているという考えが可能。一方で，具体的なデモ行進の数々をイメージしていると取ることも可能。
② before you call him a manのa manとは，どんな意味だろうか。
　→「子供が大人になる」ことを象徴しているという考えが可能。一方で，当時のデモ行進ではI AM A MAN.と書かれたプラカードを下げた人々がいた。黒人男性に対する蔑称としてのa boyという言い方に対してI am not a boy. I am a man.と抗議しているとも考えられる。
③サビの「答えは風に吹かれている」とは，どんな意味だろうか。
　→Collins Cobuild Dictionary of Idiomsでは，it is being thought about and discussed, but no decision has yet been taken about itと定義されている。How manyで始まる文で提起された疑問に対して，「考えて議論はしているが，答えはまだ出ていない」ということなのであろう。

★　生徒のリアクション
　有名な曲なので，メロディーを聞いたことがある生徒は多い。Bob Dylanのオリジナルよりも，Peter, Paul & Mary（PPM）がカバーした演奏のほうになじみがある生徒も多いだろう。

　ここでは，road, dove, cannonball, mountain, earなどの象徴的な言葉の数々に意識を向けさせて，歌詞のメッセージを考えさせたい。時代背景等を理解させた上で，歌詞をじっくりと読み込ませてから，意味をかみしめて歌わせたい。授業で歌うならば，Peter, Paul & Maryの演奏のほうが，歌詞をメロディーに乗せやすいのでお薦めだ。ディランの歌い方はシンコペーションを多用した独特のものなので，まねて歌うのは意外と難しい。

（担当：久保野雅史）

16 You've Got a Friend
words, music and sung by Carole King

When you're down and troubled
   and you need some love and care
   and nothing, nothing is going right,
   close your eyes and think of me.
And soon I will be there
   to brighten up even your darkest night.

You just call out my name.
And you know, wherever I am,
   I'll come runnin' to see you again.
Winter, spring, summer or fall,
   all you have to do is call.
And I'll be there.
You've got a friend.

If the sky above you
   grows dark and full of clouds
   and that old north wind begins to blow,
   keep your head together
   and call my name out loud.
Soon you'll hear me knockin' at your door

You just call out my name
And you know, wherever I am,
   I'll come runnin', runnin', yeah
   to see you again
Winter, spring, summer or fall
   all you have to do is call.
And I'll be there.
Yes, I will.

Now, ain't it good to know that
   you've got a friend?
When people can be so cold,
   they'll hurt you, yes, and desert you
   and take your soul if you let them.
Oh, but don't you let them.

You just call out my name.
And you know, wherever I am,
   I'll come runnin', runnin', yeah
   to see you again.
Winter, spring, summer or fall,
   all you have to do is call.
And I'll be there.
Yes, I will.
You've got a friend.

You've got a friend.

君の友だち　　歌：キャロル・キング

君が落ち込んで悩んでいるとき
寂しくて気づかってほしいとき
すべてがうまく行かないとき
目を閉じて僕のことを考えるんだ
そうしたらすぐに君のところへ行くよ
真っ暗な君の夜でさえ明るくするよ

ただ僕の名前を呼べばいい
そうすれば僕はどこにいようと
君のところへ走って行くよ
また君に会うために
冬，春，夏，秋，いつでも
ただ君は僕の名前を呼びさえすればいい
そしたら僕は君のところに行くよ
なぜって，友だちだからさ

空が暗くなって雲でいっぱいになっても
そしてあの北風が吹き始めても
あわてずに思いっきり僕の名前を大声で呼ぶんだ
そうしたら君の部屋のドアをノックしに行くよ

ただ僕の名前を呼べばいい
そうすれば僕はどこにいようと
君のところへ走って行くよ
また君に会うために
冬，春，夏，秋，いつでも
ただ君は僕の名前を呼びさえすればいい
そしたら僕は君のところに行くよ
必ず

友達がいるのがわかるっていいことじゃないか
人は時として冷たく
君を傷つけたり，見捨てるかもしれない
もし君が許せば人は君の魂を奪ってしまうかもしれない
でも，そんなことさせちゃ駄目だよ

ただ僕の名前を呼べばいい
そうすれば僕はどこにいようと
君のところへ走って行くよ
また君に会うために
冬，春，夏，秋，いつでも
ただ君は僕の名前を呼びさえすればいい
そしたら僕は君のところに行くよ
必ず
なぜって，友だちだからさ
友だちだからさ

---

go right: うまくいく／brighten up: 明るくする／grow dark: 暗くなる／keep one's head: 冷静を保つ

この曲の使い方

You've Got a Friend

★　使用学年
　　3年生
★　使用時期
　　5月頃，完了形を習った後
★　主な言語材料
　　if 節，when 節，未来形，to 不定詞の副詞的用法
　　関係節，現在完了形
★　授業での使い方
　　演奏はシンプルで英語もクリアなので，生徒にとってはかなり聞き取りやすい曲である。また，くり返しの部分が多いため，ディクテーションなどをさせても短時間で導入することができる。次のことも付け加えて指導するとよい。
　　○if 節，when 節
　　　Honesty の授業での使い方ページ（p.16）を参照のこと。
　　○単語どうしのつなぎ方
　　　英語の中には，ネイティブが必ず連続する単語をつなげて読む読み方がある。この歌の歌詞の中では，
　　　When you're, soon I, darkest night, head together, at your door
　　　ain't it good to know, and desert you, let them
　　などがある。こういった例を挙げて発音指導を行う。
　　　同じ子音が連続する場合や近接した場所で発音される2つの子音は，日本人にとって発音しにくいので，その点でのアドバイスを行う。あわせて，次のような指導もできる。
　　　in the box → in の n は th の舌の位置で発音する。
　　　comfortable → com の m は f の口の形で発音する。
　　　at that time → at の t は th の舌の位置で発音し，次の that の t は前の t から舌を離さずに発音する。

Carole King はニューヨーク市ブルックリン生まれの70年代のシンガーソングライター。1971年のアルバム Tapestry はグラミー賞を4部門制覇し全世界で2000万部を売り上げた。全米アルバムチャートで15週連続1位，その後も302週連続でトップ100にとどまるロングセラーとなった。このアルバムの中で歌われている曲がこの歌である。

Tapestry / Carole King / ソニー・ミュージック MHCP-257

You've Got a Friend

○繰り返しの部分：下線部がrhyme（脚韻）になっていることに気づかせる。

You just call out my na<u>me</u>

And you know wherever I a<u>m</u>

I'll come runni<u>n'</u>

To see you aga<u>in</u>

Winter, spring, summer or f<u>all</u>

All you have to do is c<u>all</u>

★ なぜ授業に英語の歌を使うのか

　この歌は私の「お薦め曲」の1つ。この曲は，帰宅途中の車のラジオから流れてきた曲だった。もうすでに日も暮れ夜になっており，シンプルなメロディーに乗って流れてきた歌詞に耳を傾けているうちに，無意識のうちに涙がほおを伝って落ちていた。それほど心に浸みた1曲である。

　「なぜ授業に英語の歌を使うのか」の質問に対する答えは，いくつかある。

①歌は身近なところにたくさんある。→手に入れやすい。

②「聞く」ことから始められる。→生徒は前もって何かを準備しなくてよい。気楽に取り組める。

③メロディーがあるので入りやすい。→「楽しめる」ポイントの1つ。

④何回も聞いていると，メロディーとともに歌詞の音が耳に残る。

⑤どんなに英語が苦手な生徒でも歌は楽しめる。

⑥1つのストーリーが3分ぐらいの中に詰まっている。それだけ吟味された言葉を使っている。だからこそ学ぶ価値がある。読み物資料には良いものがあるが，長いのが難点。

⑦歌は比較的やさしい英語で，しかも選りすぐられた言葉，表現，比喩が使われている。そうでなければヒットはしないはず。

★ こだわりを持つこと

　歌の指導を含め，自分が指導するにあたってはとにかくその教材をよく調べ，どんな料理の仕方ができるかを考えること。その教材に新しい命を吹き込めるのは，我々英語教師なのである。

（担当：井上謙一）

17. Hotel California
words and music by D. Felder, D. Henley and G. Frey / sung by Eagles

On a dark desert highway, cool wind in my hair.
Warm smell of colitas rising up through the air.
Up ahead in the distance, I saw a shimmering light.
My head grew heavy, and my sight grew dim.
I had to stop for the night.

There she stood in the doorway.
I heard the mission bell.
And I was thinking to myself,
   "This could be Heaven or this could be Hell."
Then she lit up a candle and she showed me the way.
There were voices down the corridor, I thought I heard them say...

Welcome to the Hotel California.
Such a lovely place.
(Such a lovely place.)
Such a lovely face.
Plenty of room at the Hotel California.
Any time of year, (any time of year,) you can find it here.

Her mind is Tiffany-twisted. She got the Mercedes bends.
She's got a lot of pretty, pretty boys that she calls friends.
How they dance in the courtyard, sweet summer sweat.
Some dance to remember, some dance to forget.

So I called up the Captain, "Please bring me my wine."
He said, "We haven't had that spirit here since 1969."
And still those voices are calling from far away.
Wake you up in the middle of the night just to hear them say...

Welcome to the Hotel California.
Such a lovely place.
(Such a lovely place.)
Such a lovely face.
They livin' it up at the Hotel California.
What a nice surprise, (what a nice surprise,) bring your alibis.

Mirrors on the ceiling, the pink champagne on ice.
And she said, "We are all just prisoners here, of our own device."
And in the master's chambers, they gathered for the feast.
They stab it with their steely knives, but they just can't kill the beast.

Last thing I remember, I was running for the door.
I had to find the passage back to the place I was before.
"Relax," said the night man, "We are programmed to receive.
You can check out any time you like, but you can never leave."

ホテル・カリフォルニア　　歌：イーグルス

暗い砂漠のハイウェイで，涼しい風が髪の中を舞う
空中を上っていくコリタス草の温かな香り
はるか遠くにかすかな光が見えた
僕の頭は重くなり，目の前がかすみ
その夜はもう車を止めて泊まらないといけなかった

彼女は戸口に立っていた。僕はミッションの鐘が鳴るのを聞いた
僕は心の中でつぶやいた。「さて，吉と出るか，凶と出るか」
すると彼女はローソクに灯をともし，僕を部屋まで案内してくれた
廊下の向こうで声が聞こえた。やつらはこう言っていたと思う

ホテル・カリフォルニアへようこそ
こんなにステキなところへ（こんなステキなところへ）
こんなにきれいな外観
ホテル・カリフォルニアにはあなたのための空間がたくさんあります
年中いつでも，ここでそれを見つけることができますよ

彼女の心は贅沢三昧な生活でねじ曲がってしまっている
彼女には，「友だち」と呼ぶ美しい少年たちがたくさんいる
中庭では彼らが甘い夏の汗を流して踊る
思い出すために踊る人々もいれば，忘れるために踊る人々もいる

それから僕はボーイ長を呼んで「ワインを持ってきてくれ」と告げた
彼は，「その酒は1969年から置いておりません」と言った
そして依然として遠くから呼ぶ声が聞こえる
真夜中に目覚めさせ，こう言うのを聞かせるんだ

ホテル・カリフォルニアへようこそ
こんなにステキなところへ（こんなステキなところへ）
こんなにきれいな外観
みなさんホテル・カリフォルニアで豪華なパーティーをお楽しみですよ
ステキな驚きでしょう。あなたもアリバイを作ってここへ来てください

天井には鏡が張りつめられ，ピンクのシャンペンを氷の上に注いだ
彼女は言った。「我々はみな自分自身が企んだことのために，ここで囚われの身となっているの」
やがて主人の特別室には，祝宴のために人々が集まった
彼らは鋼鉄製のナイフでけだものを突き刺すのだが，それを殺すことはできない

最後に覚えているのは，僕がドアを求めて走っていたことだ
前にいた場所に戻る通路を見つけなければならなかった
「落ち着いてください」と夜警が言った
「我々は受け入れるようにプログラムされているのです
お好きなときにチェックアウトはできますが，出ることはできないのです」

---

stop for the night: その夜泊まるために車を止める，どこかに宿泊する／Tiffany-twisted: Tiffanyはニューヨーク5番街にある高級アクセサリー店。tiffanyは薄い紗の織物で，薄い紗のようにねじれている＝ブランド物などの高価なものに溢れた贅沢な暮らしに慣れてしまった（悪い方向にねじ曲げられた）という意味／Mercedes bends: 同上。Mercedes Benz（メルセデスベンツ）とbend（曲がる）をひっかけ，ブランド志向で心が曲がっているという意味／spirit:「精神」と「酒」の意味を持つ／livin' it up: 気ままに暮らす，豪遊する／device: くわだて，たくらみ／programmed to receive: 受け入れ専用に作られている。ホテル・カリフォルニアは来る者は誰でも拒まずに受け入れるが，一度入れたが最後，決して外には出さない

この曲の使い方

Hotel California

★　使用学年
　　中学3年～高校

★　主な言語材料
　　受動態，現在完了，接触節，仮定法過去

★　授業での使い方
　　この曲は歌詞の解釈が何通りも可能であることが魅力であるが，同時に全ての箇所で脚韻が踏まれている。

(1) まず最初は聞き取り。（　）はそれぞれの脚韻の2つ目におき，それを埋める活動である。以下の下線部が（　）にする部分。

　第1スタンザ：hair ／ <u>air</u>，light ／ <u>night</u>
　第2スタンザ：bell ／ <u>Hell</u>，way ／ <u>say</u>
　第3スタンザ：place ／ <u>face</u>，year ／ <u>here</u>
　第4スタンザ：bends ／ <u>friends</u>，sweat ／ <u>forget</u>
　第5スタンザ：wine ／ <u>1969</u>，away ／ <u>say</u>
　第6スタンザ：place ／ <u>face</u>，surprise ／ <u>alibis</u>
　第7スタンザ：ice ／ <u>device</u>，feast ／ <u>beast</u>
　第8スタンザ：door ／ <u>before</u>，receive ／ <u>leave</u>

(2) 次に，この曲の歌詞の和訳を渡して，テーマが何であるか，ホテルカリフォルニアとはどのような場所であるかを考えさせる。

(3) この曲の歌詞は難解なので，次の各箇所について，意味を考えさせる。

　第4スタンザ：
　　She's got a lot of pretty, pretty boys that she calls friends.
　　この boys とはだれか，that she calls friends の意味は？
　　Some dance to remember, some dance to forget.
　　何を思い出し，何を忘れようとしているのか。

1976年に発表されたこの曲は，さまざまな解釈が可能な意味深長な歌詞と印象深いメロディ，そして，聞く者の心をとらえて放さないジョー・ウォルシュとドン・フェルダーのツイン・リードギターなどが相まって，70年代の米ロック界の代表曲となった。この曲は米ビルボード誌で1位を獲得し，アルバム Hotel California は1976年のグラミー賞最優秀レコード賞を受賞した。

Hotel California ／ Eagles ／ ワーナーミュージック WPCR-11936

Hotel California

第5スタンザ：

So I called up the Captain, "Please bring me my wine."

my wine の my はどういう意味か。

He said, "We haven't had that spirit here since 1969."

1969年，ロック界では Woodstock Music and Art Fair が行われた。3日間で40万人以上の若者が集まった伝説の野外コンサートである。1969年は，イーグルスのメンバーがカリフォルニアにやってきた年であり，ジョンとヨーコがベッドインして Give Peace a Chance を歌った，ビートルズが解散した，人類が初めて月に行った，ベトナム戦争，公民権運動，大学紛争などが激化していったなどの出来事があったことを伝える。そして，「1969年以来，その spirit は持ち合わせていない」という部分は，my wine と合わせてどういう言外の意味を持つかを考えさせる。

第6スタンザ：

What a nice surprise, bring your alibis.

「アリバイを持ってこい」とはどういう意味か。

第7スタンザ：

And she said, "We are all just prisoners here, of our own device."

「自分で自分の首を絞める」といった意味合いのこの文は何を意味するか。

They stab it with their steely knives, but they just can't kill the beast.

この beast は何をさすか。

第8スタンザ：

You can check out any time you like, but you can never leave.

チェックアウトはできても，出ることはできないこのホテルは何を意味するか。

★ **歌詞について**

　この曲の歌詞について，イーグルスのメンバーたちはほとんど語っていない。当時カリフォルニアは，ハリウッドの映画産業や音楽業界の振興，温暖な気候と明るいイメージなどで，成功を夢見る若者が次々と流入していた。イーグルスのメンバーたちも同様であったが，麻薬や犯罪，そしてウッドストックの成功から顕著になった「売れる音楽」路線に対する失望などを感じていたと思われる。そして，1971年のデビュー以来，立て続けに発表した Eagles, Desperado, On the Border, One of These Nights などの成功で巨額の富を築き，大金を持つことの意味を自問したり，新アルバムに対するファンの期待に応えなければというプレッシャーなどで，かなりネガティブな気持ちになっていたと想像される。

　そして発表されたのが Hotel California であった。カリフォルニアの暗部を歌ったこの歌が，カリフォルニアブームにさらなる火をつけることになったのは皮肉なことである。

（担当：田尻悟郎）

18 未来へ (English version)

original words and music by Chiharu Tamashiro / English version by Tashi Ohnsman / sung by Emiko Shiratori

 * You were there whenever I was sad and lonely.
   In your ears I whispered all my secrets.
   I could see that you were always there for me.
   Yes you, you were my home, my whole world.

   When I miss you so much,
      I don't call.
   You worry too much.
   All the bad things I tried
      didn't mean to but I made you cry.

   You taught me love and respect.
   You taught me sweetness
      all in such a gentle way.
   I remember the embrace
      you gave me everyday
         showing me life is no game or race.

   I wonder how,
      how you did all the things you did simply for me.
   I wonder how you kept faith in me
      when I lied to you again and again.
   Did I really make you proud as much as you pretend?
   Wasn't I your endless pain?
   I remember happy years
      and a little bit of tears.
   Memories I can take through the end.

** Can you picture someday I'll be a mother too?
   Maybe then I'll be just like you and understand.

 * Repeat
** Repeat
 * Repeat (twice)

   Like a treasure from you to me
      I'll pass on all the beauty inside of me.

未来へ　　歌：白鳥英美子

＊お母さん，淋しい時にはいつもそばにいて
　何でも秘密を聞いてくれたね
　いつも私のためにいてくれたのよね
　私の家，世界そのものだったの

　離れて暮らしていても
　電話はしないわ
　心配かけるから
　いけないことの数々は
　そんなつもりはなかったけど，あなたを泣かせてしまったのね

　あなたは人を愛すること，尊敬することと
　優しさを教えてくれた
　あんなにやさしく
　覚えているわ
　お母さんが毎日抱きしめてくれたことを
　人生はゲームでも競争でもないって教えてくれたわね

　私思うの
　あなたが私のためにしてくれたことを
　私のことを信じてくれたことを
　私はあんなに何回もうそをついたのに
　あなたのことを満足させられたの？
　ずっと苦しめたんじゃない？
　あの幸せな年月を覚えているわ
　ちょっと涙を流したこともあったけど
　死ぬまでその思い出を大事にするわ

＊＊ねえいつか私もお母さんになる日が来るって想像できる？
　　たぶんその時になったらあなたの気持ちが理解できるでしょうね

　＊くり返し
＊＊くり返し
　＊くり返し（2回）

　あなたからもらった宝物のように
　私も子供に心の美しさを伝えてくわ

---

whenever: 〜するときはいつも／whisper: ささやく／secrets: 秘密／whole: 全／miss: いないのを淋しく思う／respect: 尊敬／sweetness: やさしさ／such: こんな／gentle: やさしい／embrace: 抱擁／simply: 単に／kept faith: 誓いを守った／lie: うそをつく／proud: 満足な／endless: 終わりのない／pain: 苦痛／through the end: 終わりまで／picture: 思い描く／maybe: たぶん／treasure: 宝物／pass on: 伝える

この曲の使い方

未来へ (English version)

★　使用学年・時期

　　言語材料の観点からは2年生の1学期に使用している。過去形が多用されているからである。また別の理由もある。2年生というと思春期のど真ん中で親を乗り越えようとして反抗期に入る生徒も多い。そんな時期に親のありがたさを歌ったこの歌を聴かせて親への想いを新たにしてほしい。母の日に合わせて使用してもいいだろう。

　　知り合いの先生方の中には，3年の卒業間近の時期に使う人が多い。義務教育卒業を前にして，親への感謝を感じる時期にこの歌はうってつけだと言う。実際に泣いてしまう生徒も多いそうだ。また，卒業式などで親に聞かせることもあると聞く。感極まって泣いてしまう母親もいるそうだ。知り合いの女性は自身の結婚披露宴で使った。節目節目で使える歌である。

★　主な言語材料

①be動詞と一般動詞の過去形

　　were, was, whispered, could, tried, didn't, made, taught, gave, did, kept, lied, Did, Wasn't,

　　以上のように過去形のあらゆる形が登場する。ぜひ活用したい。

②直後に学習する予定の未来形の先取り

　　Can you picture someday I'll be a mother too?

　　Maybe then I'll be just like you and understand.

　　I'll pass on all the beauty inside of me.

　　母との思い出を過去形で語った後，これからの自分を未来形で思い描いている。授業の進み方ともあっていて，流れがちょうどいい。

★　実際の授業での流れ

ア　準備

　　行末のrhymingを利用してcloze test形式の穴埋めプリントを作成する。次のようにプリントには日本語対訳とfootnotesを載せる（p.77, p.78参照）。

「未来へ」が収録されているCDは『セレブレーション』というタイトルで2003年10月29日にリリースされた。宣伝フリップには「ウエディング・ラブ・ソング・コレクション」「全曲英語詞によるラブソングカヴァー12曲新録」とある。私がこのCDから授業で使った曲は次の通りである。Eternal Flame（2年4月），らいおんハート（3年4月），Everything（2年），Some Day My Prince Will Come（2年）。

Celebration / 白鳥英美子 / ユニバーサル UICZ-4084

未来へ（English version）

[プリント左ページ]　　Let's Sing Along 3　（2年）　June song
未来へ
Sung by Emiko Shiratori, originally sung by Kiroro

*You were there whenever I was sad and lone<u>ly</u>. In your ears I whispered all my secrets. I could see that you were always there for <u>me</u>. Yes, you, you were my home, my whole world.	お母さん，淋しい時にはいつもそばに いて何でも秘密を聞いてくれたね いつも私のためにいてくれたのよね 私の家，世界そのものだったの
When I miss you so <u>much</u>, 　I don't call. You worry too <u>much</u>. All the bad things I t<u>ried</u> 　didn't mean to but I made you c<u>ry</u>.	離れて暮らしていても 電話はしないわ 心配かけるから いけないことの数々はそんなつもりは なかったけど，あなたを泣かせてしまったのね
You taught me love and respect. You taught me sweetness 　all in such a gentle w<u>ay</u>. I remember the embr<u>ace</u> 　you gave me everyd<u>ay</u> 　showing me life is no game or r<u>ace</u>.	あなたは人を愛すること，尊敬することと 優しさを教えてくれた あんなにやさしく 覚えているわ，お母さんが毎日 抱きしめてくれたことを 人生はゲームでも競争でもないって 教えてくれたわね
I wonder how, 　how you did all the things you did simply for <u>me</u>. I wonder how you kept faith in <u>me</u> 　when I lied to you again and ag<u>ain</u>. Did I really make you proud as much as you pret<u>end</u>? Wasn't I your endless p<u>ain</u>? I remember happy y<u>ears</u> 　and a little bit of t<u>ears</u>. Memories I can take through the <u>end</u>.	私思うの あなたが私のためにしてくれたことを 私のことを信じてくれたことを 私はあんなに何回もうそをついたのに あなたのことを満足させられたの？ ずっと苦しめたんじゃない？ あの幸せな年月を覚えているわ ちょっと涙を流したこともあったけど 死ぬまでその思い出を大事にするわ
**Can you picture someday I'<u>ll</u> be a mother too? 　Maybe then I'<u>ll</u> be just like you and understand.	ねえいつか私もお母さんになる日が 来るって想像できる？ たぶんその時になったらあなたの気持ち が理解できるでしょうね
* Repeat **Repeat * Repeat（twice）	
Like a treasure from you to me 　I'<u>ll</u> pass on all the beauty inside of me.	あなたからもらった宝物のように 私も子供に心の美しさを伝えてくわ

この曲の使い方

　　　　［プリント右ページ］　　Let's　Sing　Along　3　（2年）　June song
　　　　　　　　　　　　　　　　　　　未来へ
　　　　　　　　　　　Sung by Emiko Shiratori, originally sung by Kiroro

（　）に過去形を入れましょう。

*You（ were ）there whenever I（ was ）sad and lonely.　　｜　whenever ～するときはいつでも
In your ears I whispered all my secrets.　　　　　　　　｜　whisper ささやく　secrets 秘密
I could see that you（ were ）always there for me.　　　｜
Yes, you, you（ were ）my home, my whole world.　　　　｜　whole 全

When I miss you so much,　　　　　　　　　　　　　　　　｜　miss いないのを淋しく思う
　　I don't call.　　　　　　　　　　　　　　　　　　　　｜
You worry too much.　　　　　　　　　　　　　　　　　　　｜　worry 心配する
All the bad things I tried　　　　　　　　　　　　　　　｜
（ didn't ）mean to but I（ made ）you cry.　　　　　　　｜　mean 意味する　cry 泣く

You（ taught ）me love and respect.　　　　　　　　　　　｜　respect 尊敬
You（ taught ）me sweetness　　　　　　　　　　　　　　　｜　sweetness やさしさ
　　all in such a gentle way.　　　　　　　　　　　　　　｜　such こんな　gentle やさしい
I remember the embrace　　　　　　　　　　　　　　　　　｜　embrace 抱擁
　　you（ gave ）me everyday　　　　　　　　　　　　　　｜
　　showing me life is no game or race.　　　　　　　　　｜　life 人生

I wonder how,　　　　　　　　　　　　　　　　　　　　　　｜　wonder ～かなと思う
　　how you（ did ）all the things you did simply for me.｜　things こと　simply 単に
I wonder how you kept faith in me　　　　　　　　　　　　｜　kept faith 誓いを守った
　　when I lied to you again and again.　　　　　　　　　｜　lie うそをつく
（ Did ）I really make you proud as much as you pretend?　｜　make ～にする　proud 満足な
（ Wasn't ）I your endless pain?　　　　　　　　　　　　　｜　endless 終わりのない　pain 苦痛
I remember happy years　　　　　　　　　　　　　　　　　　｜
　　and a little bit of tears.　　　　　　　　　　　　　　｜　a little bit of 少しの
Memories I can take through the end.　　　　　　　　　　　｜　through the end 終わりまで

**Can you picture someday I'll be a mother too?　　　　　｜　picture 思い描く　someday いつの
Maybe then I'll be just like you and understand.　　　　　｜　日か　maybe たぶん　then その時に

* Repeat
**Repeat
* Repeat（twice）

Like a treasure from you to me　　　　　　　　　　　　　　｜　treasure 宝物
　　I'll pass on all the beauty inside of me.　　　　　　　｜　pass on 伝える

未来へ（English version）

イ　1時間目（20分）

①〜⑤は When Will I See You Again のページ（p.12）と同じ。

⑥次のように指示して一番好きな部分に下線を引かせる。

　　Underline the only one part of the song you like the best. Stand up and find someone who has chosen the same part as yours. Students with the same part must get together.

⑦それぞれのグループ／ペアに，どこの部分を選んだのか尋ねる。他に同じところを選んだ人がいなくても，それも正解であることを伝える。

★　先生方のリアクション

　この曲と出会ったのは2004年春だった。たまたま入ったCDショップで，この曲が収録されたCDだけが，かぐや姫の竹のように光っていた。折しも田尻先生と2人で始めた辞書指導ワークショップ（以下WSと略す）の第1回東京会場の休憩時間に流したところ，早速「これ誰が歌っているんですか」と反応があった。そこで第2回の松山会場で紹介したところ，大反響が返ってきた。「どこで売ってるんですか」「どうやったら手に入るんですか」。そこで白鳥事務所に出向いて事情を話して辞書指導WS会場で販売させていただくことになった。辞書指導WSはすでに26回を数える。売れた枚数は600枚を超える。その間白鳥英美子さんから声のメッセージをいただいたり，2006年7月にはジョイントのミニコンサートを開くこともできた。

　オリジナルのKiroroの歌詞もすてきだが，この英詩はきら星のように随所に輝く表現が散りばめられている。辞書指導WS会場で流すと，必ず女性の先生方が目にハンカチを当てている光景を見る。「どんな英語の歌を使おうか」と悩んでいる先生方には「まずは自分が感激して生徒にその思いを伝えたいと思う歌を選んでください」と言いたい。以下はWSで「未来へ」を知った先生方からのメッセージの一部である。

　「授業の中で英語の歌はけっこう軽い気持ちで使っていたのですが，もっと歌詞に注目させてみたいと思いました。英語の楽しさを伝えていくことを忘れてたなあ，私。白鳥英美子さんのCD絶対買います！　生徒の喜んで歌う姿が浮かんできます」

　「2学期はKiroroの『未来へ』をぜひやりたいと思います。去年の学級で合唱コンクールの自由曲で歌った曲です。CDももちろん買いましたよ！」

　「歌で泣いてしまいました。CDも買ったので帰りは運転しながら泣いていきます……本当にきれいな歌ですね。歌詞も味わってゆっくり聞きたいです」

　「白鳥さんの歌には泣けました。生徒にもこの歌詞で泣ける英語力をつけさせたいものです」

（担当：北原延晃）

19 Stand by Me
words and music by Ben E. King, Jerry Leiber and Mike Stoller / sung by John Lennon

When the night has come, and the land is dark,
   and the moon is the only light we'll see.
No, I won't be afraid, no, I won't be afraid
   just as long as you stand, stand by me.
And darlin', darlin' stand by me.
Oh, now, now, stand by me.
Stand by me, stand by me.

If the sky that we look upon should tumble and fall,
   and the mountain should crumble to the sea.
I won't cry, I won't cry, no, I won't shed a tear
   just as long as you stand, stand by me.
And darlin', darlin' stand by me.
Oh stand by me.
Stand by me, stand by me, stand by me.

Whenever you're in trouble, won't you stand by me?
Oh, now, now, stand by me.
Oh stand by me, stand by me, stand by me...

Darlin', darlin' stand by me.
Stand by me.
Oh stand by me, stand by me, stand by me.

スタンド・バイ・ミー　　歌：ジョン・レノン

夜がやってきて，あたりは暗く
見えるのは月明かりだけ
でも怖くない，そう怖くないさ
ただ君がそばにいてくれれば，そばにいてくれさえすれば…
だからダーリン，ダーリン，そばにいてほしい
今そばにいてほしい
そばにいてほしい，ただそばにいてほしい

見上げた空が堕ちてきたとしても
山が海に崩れ落ちても
泣いたりしない，泣きはしない，そう涙なんか流さない
ただ君がそばにいてくれれば，そばにいてくれさえすれば…
だからダーリン，ダーリン，そばにいてほしい
今そばにいてほしい
そばにいてほしい，ただそばにいてほしい

君が困っているときはいつでも，そばにいてほしい
今そばにいてほしい，

ダーリン，ダーリン，そばにいてほしい
今そばにいてほしい
そばにいてほしい，ただそばにいてほしい

---

by〜：〜のそばに／when〜：〜のときに／darlin'：愛しい人＜darling／if〜：もし〜ならば／won't：しないだろう(will not)／afraid：恐れた／as long as〜：〜する限り／tumble and fall：ひっくり返って落ちる／crumble：崩れる／shed a tear：涙を流す／won't you〜：〜してくれませんか

この曲の使い方

Stand by Me

★　使用学年
　　1年生または2年生
★　使用時期
　　命令文・接続詞の理解ができてから
★　主な言語材料
　　命令文
　　　　Stand by me.
　　未来形の否定
　　　　I **won't** cry.
　　接続詞 **when , if** など
　　　　When the night has come, …
　　　　If the sky that we look upon should tumble and fall, …
　　　　just as long as you stand by me, …

★　授業での使い方
　　ノリが良く，一度歌い出したら，つい歌いたくなるロックンロールである。歌詞の中には新しい表現がいくつかあるが，曲の雰囲気が良く，1年生から歌い始めてもさほど困難さはないと思われる。
　　しかし，歌詞の内容を説き明かすには，新しい文法事項も含まれている。接続詞の理解ができた2年生を対象にして，次のようなTaskを与えたい。

　　　歌詞のイメージを絵にしてみよう

　　歌詞のイメージを絵にするには，内容理解から始めなければならない。歌詞の意味を理解しようとする意欲を育て，歌の意味を説き明かすTaskを与えたい。

　　　　　　　　　　　ワークシート1　**STAND BY ME**
1　大目標：1番の歌詞のイメージを絵にしてみよう。
2　中目標：そのために，歌詞の内容を理解しよう。
3　小目標：タスク（Task 1 〜 Task 6）
　Task 1　1番（第1パラグラフ）で，一番多く出てくる語句は何ですか。
　　　　　期待される答え→〈Stand, me, Stand by me.〉　　　＜聞き取り＞

Stand by Me

Task 2　Stand by me. の意味は？　誰に向かって呼びかけていますか?
　　　　期待される答え→〈そばにいてほしい〉〈Darlin'に〉　　〈聞き取り〉

Task 3　Darlin'とは誰のことでしょうか。グループで話し合ってください。
　　　　期待される答え→さまざまな解釈を容認する。　　〈読み取り〉

Task 4　何時ころの情景でしょうか。どこの部分でわかりますか。何が見えますか。　　〈読み取り〉
　　　　期待される答え→〈夕方〉〈the night〉〈the moon〉

Task 5　この時間帯になるとさびしくなるのでしょうね。主人公は，さびしいときでもどのような心構えでいますか。それがわかる文はどこですか。
　　　　　　　　　　　　　　　　　　　　　　　　　　　〈読み取り〉
　　　　期待される答え→〈怖がらない〉〈I won't be afraid.〉

Task 6　怖がらないために，どうしてほしいのですか。　　〈読み取り〉
　　　　期待される答え→〈Stand by me.〉

1　大目標：歌詞の1番を絵にしてみよう。

生徒の描画例

※2番は，次の部分を指導して内容理解を図り，描画につなげていきたい。

　　If the sky that we look upon should tumble and fall.
　　Or the mountain should crumble to the sea.
　　I won't cry, I won't cry, no, I won't shed a tear.

この曲の使い方

Stand by Me

ずっとそばにいてほしい　Stand by Me

　平成19年7月，私は中学校の校長をしていた。その日も暑い日だったが，私は，ふと子どもたちの授業の様子を見たくなったので，2階の音楽室に出かけることにした。音楽室の扉を開けると，中は熱気で充満している。

　生徒たちはグループに分かれて夢中でギターの練習をしている。私は，黒いレスポールを抱え，一生懸命に練習しているM君の姿に目を留め，近付いて行った。

　「校長先生，こんにちは」M君とそのグループメンバーのT君，N君，K君，O君も早速気持ちのよいあいさつをしてくれた。

　「いいギターを持ってるね。ついに本格的にギターの練習を始めたようだね」と私が声をかけると，すかさず，M君が言う。

　「校長先生，ちょっと弾いてみてくださいよ。難しいんですよ」

　「じゃあ，ちょっといいかな」とM君のギターを抱え，コードを弾いてみた。

　「かっこいいですね。なんて言う曲ですか」とM君が聞く。

　「Stand by Meジョン・レノン・バージョンだよ。コードを押さえてカッティング奏法で弾くんだよ」私はギターを奏でながら，やや得意になって，歌を歌った。

　「♪ When the night has come and the land is dark…♪」

　「校長先生，この曲を教えてください。『3年生を送る会』でやりたいです」生徒のみんなが目を輝かせている。

　「そうだね。Stand by Meを歌って，メッセージを1・2年生に届けよう。自分も一緒に参加していいかい」と生徒に聞いてみる。

　「もちろんですよ。先生，一緒にバンドをやりましょうよ」

　「うれしいことをいってくれるね。よし，練習開始だ」私の心はもう青春時代にプレイバックし始めた。

　その後，夏休みには数回の練習を視聴覚室で重ねた。そして，9月から3月までは進路決定に向けて勉強があるので，バンド練習は休みとした。再開したのは，入学試験

ビートルズ解散後，平和運動を行ったジョン・レノンは多くの若者に影響を与えた。その後，自身の原点であるロックンロールにより，再び自分を取り戻そうとする。その姿が，アルバム『ロックンロール』(1975)に収録されているStand by Meに生き生きと感じられる。この曲は映画『スタンド・バイ・ミー』(1986)の主題歌であり，ベン・E・キングのものであるが，ジョンのカバーによって更に有名になった。

Lennon Legend / John Lennon / EMIミュージック　TOCP-53424

Stand by Me

　が済んで進路も決まった頃，平成20年の2月後半である。久々の再会に心は躍った。

　「先生，出演オーディションに合格しました。がんばりましょうよ」M君はやる気満々で，私たちをリードしてくれた。また，この頃になると，Y君もピアノで参加してくれることになった。

　しかし，音合わせの練習にも問題が出てきた。1台しかないドラムキットを巡って，他のバンドや吹奏楽部との使用の調整をする必要が出てきた。私も出張等が多く，練習に参加する時間がなくなってきた。そのため，なかなか音が合わなかったりバランスが悪かったりで，当日はうまくいきそうになかった。また，もう1曲，ビートルズのTwist and Shoutをレパートリーとして増やすことになっていたので気がかりだった。私たちはとうとう追い詰められた。

　練習不足のまま，「3年生を送る会」の当日がやってきた。私たちは文化会館の会場で不安を抱えながら出演を待った。

　「こうなれば，一か八か度胸を決めてやるしかない。みんなで力を合わせよう」と全員が心に誓い，ステージに上がった。

　「One, two, three, four」ドラムのK君のカウントから曲が始まった。

　ドラムの乗りが良い。ベースのリズムが崩れない。ヴォーカルががんばっている。ギターも音が前に出ている。ピアノも確実だ。

　「これはいい演奏だ」バンドメンバーのみんなが思っていた。

　会場の生徒たち，保護者みんながのってくれている。曲が進むにつれ，いつしか，会場の人たちの心とバンドの心とが一つになったような気がした。一体感と呼ぶにふさわしい瞬間だった。1年間かけて練習して，やっと迎えることができた貴重な瞬間だ。

　「ありがとう，生徒のみんな。こんな素晴らしい貴重な『時間』をプレゼントしてくれて」私は生徒たちに感謝した。

　この後，バンドの生徒を含む3年生全員の生徒は卒業してしまった。私も中学校を後にして転勤することとなった。私の心にはただ，思い出だけが心に焼き付いている。生徒も同じだろう。

　「ずっとそばにいてほしいよStand by Me，生徒のみんな，保護者，そして，中学校……」

（担当：蓑山昇）

20. I'll Have to Say I Love You in a Song
words, music and sung by Jim Croce

Well, I know it's kind of late.
I hope I didn't wake you.
But what I got to say can't wait.
I know you'd understand,
   'cause every time I tried to tell you,
   the words just came out wrong.
So I'll have to say I love you in a song.

Yeah, I know it's kind of strange.
Every time I'm near you,
   I just run out of things to say.
I know you'd understand,
   'cause every time I tried to tell you,
   the words just came out wrong.
So I'll have to say I love you in a song.

'Cause every time the time was right.
All the words just came out wrong.
So I'll have to say I love you in a song.

Yeah, I know it's kind of late.
I hope I didn't wake you.
But there's something that I just got to say.
I know you'd understand,
   'cause every time I tried to tell you,
   the words just came out wrong.
So I'll have to say I love you in a song.

歌にたくして　　歌：ジム・クローチ

ちょっと遅いのはわかっているんだ
起こしてなかったのなら いいけれど
言いたいことがあって，いてもたってもいられなくて
わかってくれるだろ
いつも君に何か言おうとすると
うまく言えない
だから言うんだ，愛していると
歌にたくして

ちょっと変だというのはわかっている
君のそばにいるときはいつも
僕はことばにつまってしまう
わかってくれるだろう
いつも君に何か言おうとすると
うまく言えない
だから言わなくちゃいけない，愛していると
歌にたくして

いつも，今度こそはというときに
うまく言えなかった
だから言うんだ，愛していると
歌にたくして

そう，ちょっと遅いのはわかってる
起こさなかったのならいいけれど
どうしても言いたいことがあって
わかってくれるだろう
君に何か言おうとするたびに
うまく言えなかった
だから言わなくちゃいけない，愛していると
歌にたくして

---

kind of: ちょっと／what I got to say: 言わなくてはいけないこと／I hope (that) I didn't wake you.: 起こしてないよね／I know (that) you'd understand.: わかってくれるよね／the words just come out wrong: ことばが間違って出てくる／I just run out of things to say: 言うことばがなくなってくる

この曲の使い方

I'll Have to Say I Love You in a Song

★ 使用時期

　2年生か3年生がよい。2年生では，下記のように既習の言語材料がふんだんに出てくるが，教科書の配列として to 不定詞か have to が出てきたところで使うとよいだろう。3年生では，ぜひ読み取りで使いたい。

　また，ここでは，この本の締めくくりとして，重要な提言をしたい。それは，「ことばの教育」についてである。ことばは，人に教えられて身につくものではなく，自ら獲得するものである。テストのために英語を教えるのではなく，コンテクスト（文脈）の中でことばのもつ意味，使われ方などを学ぶ中で，メッセージの大切さ，negotiate することの大切さをぜひ実感させたい。

★ 主な言語材料

【2年】

① that 節

　I'll have to say (that) I love you in a song.

　I know (that) it's kind of late.

　I hope (that) I didn't wake you.

　I know (that) you'd understand.

　I know (that) it's kind of strange.

② to 不定詞

　Every time I tried to tell you.（名詞的用法）

　I just run out of things to say.（形容詞的用法）

③ have to

　I'll have to say I love you in a song.

　But there's something that I just got to say.

　　got to は have got to（略式）の have が脱落したものである。つまり，But there's something that I just have to say とも言いかえられる。got to はくだけた言い方で，よく用いられる。*cf.* I got to go.（I gotta go. 行かなきゃ）次のような表現もよく使われるので，覚えておくとよい。*cf.* There's something I got to tell you. / There's something I want to say to you.

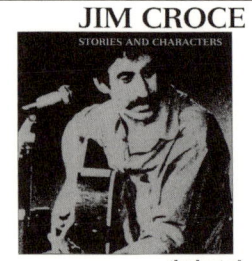

ジム・クローチは，1943年生まれ。もじゃもじゃの髪と髭のとぼけた顔。しかし，彼の温かく繊細な歌声，そして彼の歌う曲はどれも本当に心が打たれるものだった。長い下積み生活の後，1973年の夏に Bad, Bad Leroy Brown が全米で No.1 になる。しかし，9月20日に彼の乗った小型飛行機が離陸後に墜落し，30歳の若さで亡くなった。彼の死後に発表された曲や「ジムに手を出すな」Life and Times とシングルの I Got a Name は，いずれもゴールド・レコードになった。

Stories and Characters: Best of Jim Croce / Jim Croce / ユニバーサル UICY-1254

I'll Have to Say I Love You in a Song

なお，what I got to say can't wait. も同じ使い方である。

【3年】
　④ 関係代名詞 that
　　But there's something that I just got to say.

★ 授業での使い方
(1) 2年生
　① 「that がどこに隠れているかを見つけよう」と問う。
　　けっこう見落としてしまうのが，I'll have to say I love you in a song. の文である。I'll have to say "I love you" in a song. と考えてしまうのである。
　　しかし，これだと I love you という言葉を歌の中で使うというニュアンスになってしまう。
　② 「will have to で主人公のどういう気持ちがわかるか」と問う。
　　must「絶対に」と違って have to の方はどちらかと言うと「仕方なく」というニュアンスがある。ことばが出てこないから「もう歌で伝えるしかない」という意味になる。

(2) 3年生
　① 「ことばのことを表していると思う部分に下線を引きなさい」と問う。
　　英語の歌詞だけを配布し，自由に下線を引かせる。
　② ①の答えを言った後で「それぞれ，意味はどう違うか」と問う。
　　what I got to say can't wait. （今すぐにでも言いたいこと）
　　The words just came out wrong. （「愛している」気持ちを伝えることば）
　　I just run out of things to say. （しゃべること）
　　All the words just came out wrong. （自分の使っていることば全て）
　　But there's something that I just got to say. （ホントの気持ち）

5つの文は微妙にニュアンスが違う。それを前後の文脈から読み取らせたい。教師は，ヒントとして「好きな人にはどんな気持ちになりますか。また，うまく言えなくてもどかしいという気持ちを感じたことはないですか」と尋ねてみるとよいだろう。

「ことば」を教える（私の切なる願い）

　筆者が，ラジオで初めてジム・クローチの曲を聴いたのは，亡くなったすぐ後に出された「美しすぎる遺作」からのヒット曲 I Got a Name だった。木訥とした声の中に限りない優しさを感じ，生の声をもう聞けないのだと知ってとても残念に思い，ジャケットの彼の写真を何度も何度も見ていたことを今でも鮮明に覚えている。

　今回，自分の十八番を1曲選んで紹介するという章を作ることを提案したときも，ぜひ彼の曲を入れたいと考えたからだった。彼の曲はどれも名曲だが，誰でも知っているといったポピュラーな曲ではない。いくら，いい曲だと推薦しても，編集会議では，ボツにされてしまうだろう。作戦が成功したときは，思わず「やった！」と小さくガッツポーズをした。

この曲の使い方

I'll Have to Say I Love You in a Song

　この曲の中には，The words just came out wrong. とか I just run out of things to say. といった表現が出てくる。読み取りの活動が終わったら，ことばの持つ意味について考える機会をぜひ生徒たちに与えていただきたい。

　昨今，大人も子どもも文脈が曖昧なままでのやり取りが増えている。読解力が落ちてきているのは，①メールや携帯電話などの普及で，社会が更にコミュニケーションのスピードを要求してきていること，②大人も子どもも読書をしなくなっていること，③学校では，教師の質問が一問一答形式になっていることなど，様々な要素があるだろう。

　読者のみなさんは，メラビアンの法則（3Vの法則）をご存じだろうか。コミュニケーションには，3つの要素が大切だと言われている。それぞれ，verbal（ことば），vocal（声の調子，間の取り方など），visual（表情，ジェスチャー，外見など）である。コミュニケーションの語源はコミュニティ。コミュニティには，多様な人々が協力しながら生活している。つまり，「共生」しているわけだ。そこでは，異なるものを受け入れられること，多様な他者との関係を構築できること，コンフリクト・マネジメント（問題解決，交渉力）が求められるのである。実は，この3つ（verbal, vocal, visual）の中で，コミュニケーションにおいて，最も影響力を持つのはどれだろうか。3つ合わせて100％，読者のみなさんも答えを考えてみていただきたい。

Verbal	[　　%]
Vocal	[　　%]
Visual	[　　%]

　答えは visual［55%］, vocal［38%］, verbal［7%］である。つまり，外見や表情だけで，相手に話し手の気持ちや意向が半分以上伝わってしまうのだ。教室の中で，授業者の表情や身体全体の表現がどれだけ大切かが，これでわかる。次に，声の大きさ，高さ，速さ，抑揚，間の有無などを表す vocal が約40パーセント。教師のしゃべり方，間の取り方に工夫がいるのである。単調・説明調では，相手は聞きたいという気にはならない。この visual と vocal を足すと，実に93パーセントが non-verbal communication channel になる。これらのことに無頓着では，相手に伝わらないばかりか，大きな誤解を与えることにもなりかねない。

　ことばは7パーセント。だからこそ，より多くの語彙を覚え，正しい文脈の中で正しく伝える，理解するというプロセスを学校の中でできるだけ多く経験させることが大事になる。今，携帯のメールのやり取りで絵文字を使う，中学生や高校生たちが面白半分で造語を使って会話をする，という文化が蔓延している。それが誤解とトラブルを招き，本音を出せない表面上のつきあいが生まれてくるようになった。

I'll Have to Say I Love You in a Song

「ことば」を教える授業の流れ

実際の活動の流れを示す。

> 1　最初に，ペアどうしで，1つのトピック（教師が指示）で自由に会話をさせる。（特に指導はしない）
> 2　次に教師が「メラビアンの法則」を紹介し，3つの割合を，自分の考えで予想させる。生徒には実際に挙手をさせる。
> 3　教師が，いかに表情，ジェスチャー，声の調子や間の取り方が大切かを説明する。
> 4　グループで，携帯メールの話，単語でやり取りする会話などの例を出して，ことば足らずで起きたトラブルについて話し合わせる。
> 5　教師が用意した，文脈がない唐突なskit（1）と詳しい文脈のskit（2）を比べさせる。違いや印象について話し合う。
> 6　教師が用意した文脈があまり詳しくないskit（3）を，相手に伝わるように書き換えさせる。
> 7　先ほどのペアとは違う相手と，同じトピックで話をする。しかし，今度は，「相手に質問をする，ちょっと待つ，相手の言ったことをYouを主語にして繰り返す，表情や自然なジェスチャーを心がける」等のポイントを板書しておく。
> 8　終わった後で，4人になって2つの会話の違い（どんな気持ちになったか）について話し合う。

言語によるコミュニケーションの不整合を補えるようにする，非言語コミュニケーションの大切さに気づかせるのは，私たち教師の仕事である。私たち英語教師は，英語を教える前に「ことばを教える教師」である。日頃から，私たち自身がもっとことばの使われ方に関心を持ち，感受性を高め，使い方に配慮することが大切だ。

と同時に，生徒を傷つけてしまうような無神経なことば，生徒を元気づける誉めことばや励ましのことばについても，意識しておきたいものだ。ことばは，すべて語尾で決まる。それが話し手の意志を伝えるメッセージになる。次の2つを比べてみてほしい。

> A　頑張らないとできないぞ。
> B　頑張ればきっとできるよ。

Aのことばを聞いたら，なんとなくいやな気持ちになる。Bのことばを聞いたら，励まされたような気持ちになるだろう。このように，ことばは，述語の部分（下線部）で話者の気持ちやメッセージが入ってしまう。最後の部分は心に残りやすい。相手の冷たさ，温かさが瞬時に伝わってしまう。ことばは生きているのである。

（担当：中嶋洋一）

●お薦め曲リスト

タイトル	Artist	指導の観点
All Things Must Pass	George Harrison	ビートルズ解散後の初ソロアルバムのタイトル曲, 曲名の意味は「諸行無常」
Blue Eyes Blue	Eric Clapton	SVOC, 関係代名詞
Christmas Is the Time to Say I Love You	Billy Squire	ノリがいいクリスマスの曲を望むなら, 迷わずこれ
Chuo Freeway	A.S.A.P.	ユーミンオリジナル
Crazy for You	Madonna	熱烈なラブソング
Early in the Morning	Cliff Richard	「幸福の朝」というタイトルで日本で大ヒット
Everything	白鳥英美子	if〜, 単語は難しい, Mishaのヒット曲の英語版
500 Miles	Peter, Paul & Mary	if〜, can, will, ちょっぴりセンチメンタルになってしまう歌
Free as a Bird	The Beatles	ビートルズ解散後の未発表曲
Gandhara	ゴダイゴ	日本語のヒット曲の英語版
Go West	Petshop Boys	ノリがいい
Hero	Enrique Iglesias	仮定法過去
Heroes	David Bowie	ジギー・スターダストから生身の人間になったボウイの名曲, ベルリンで録音
Holding Out for a Hero	Bonnie Tylor	ノリがいい
Hole in the World	Eagles	戦争と平和, 9.11の歌
How?	John Lennon	名作アルバム「イマジン」の中で, 最も美しいメロディーを持つ曲の一つ
I Ain't Goin' Down	Shania Twain	女性の強さ
I Got a Name	Jim Croce	ジム・クローチの渋さが出ている名曲, 読み取りによい
I Saw Mommy Kissing Santa Claus	Jackson 5	when〜, M. Jackson幼少時の明るいクリスマスソング
I Want It That Way	Backstreet Boys	とにかく生徒に人気, 掛け合いになっていて楽しく歌える
I Want to See You	沢田知可子（歌手は別）	to不定詞, 日本語のヒット曲の英語版
I Was Born to Love You	Queen	キムタクのドラマ「プライド」のテーマソング, 生徒に人気
If	Pink Floyd	If I were a good man (もし僕が善人だったら) という表現が頻出
I'll Never Fall in Love Again	Dionne Warwick	SVOC, 恋愛がテーマのコミカルな内容の軽快な曲
I'm in the Mood for Dancing	Nolans	「〜したい雰囲気」の動名詞がてんこ盛りの曲
It Must Have Been Love	Roxette	「愛のぬくもり」映画Pretty Woman挿入歌
Jaded	Aerosmith	ハードロック
Jerusalem	Emerson, Lake & Palmer	詩人ウィリアム・ブレイクの詩にメロディーをつけた荘厳な曲
Killing Me Softly with His Song	Roberta Flack	歌詞の奥深さ, 脚韻, 過去形
La Pioggia（雨）	Gigliola Cinquetti	雨の季節の定番, イタリア語
Lion's Heart	白鳥英美子	SMAPの曲の英語版
Love	John Lennon	SVC, 聞きながら歌詞を書き取れるほどシンプル
Love Love Love	Dreams Come True	日本語のヒット曲の英語版
Maybe I'm Amazed	Paul McCartney	ビートルズ解散後の初ソロアルバムに収録, ウィングスの公演でも演奏された
Merry Xmas Everybody	Slade	イギリスではみんなが知っているという
More than Words	Extreme	隠れた名曲, 読み取りによい
My Grandfather's Clock	平井 堅	when〜, 昔から歌い継がれている歌
Never Saw Blue Like That	Shawn Colvin	歌詞の奥深さ
Only You	The Platters	スローバラードで歌いやすい
Open Arms	Journey	コマーシャルにも使われたスケールの大きさを感じさせる曲
Over the Rainbow	Judy Garland	映画「オズの魔法使い」で使われている曲
Raindrops Keep Fallin' on My Head	B.J. Thomas	雨の季節の定番

タイトル	Artist	指導の観点
River of Tears	Eric Clapton	歌詞の奥深さ
Rock and Roll	Led Zeppelin	Stairway to Heavenを「ロックじゃない」と言われたのでつい
Run Home to Me	Eric Clapton	父が娘に対して歌った歌, 涙もの
Saturday Night	Bay City Rollers	ノリノリの曲, 生徒は大好き, 癒し
She Misses Him	Tim Rushlow	認知症になった父親をテーマにした歌
Smile for Me	ザ・タイガース	Bee Geesが書いた名曲, 沢田研二が熱唱, タイガース・ベストに入っている
Someday My Prince Will Come	白鳥英美子	ディズニー「シンデレラ」テーマ曲, 大人の雰囲気の伴奏
Something About the Way You Look Tonight	Elton John	Candle in the Windとカップリング
Son of a Preacher Man	Dusty Springfield	イギリスではみんなが知っているという
Stairway to Heaven	Led Zeppelin	歌詞がストーリーになっている, 長いけれど
Sugar Baby Love	The Rubettes	底抜けに明るい曲
Sukiyaki	坂本九	ポップスでアメリカへ進出した日本人第一号
Sunshine on My Shoulders	John Denver	SVOC
Teach Your Children	Crosby, Stills, Nash & Young	名作映画「小さな恋のメロディー」のエンディング曲, ハーモニーが美しい
The Alphabet Song	Nursery	最初の歌
The Living Years	Mike & Mechanics	父と息子の葛藤
The Loco-Motion	Little Eva	仮定法過去完了, 仮定法過去, リズムよく, ノリノリで歌える, 元気がでる
The Power of the Dream	Celine Dion	3年生向き, 夢は叶うというメッセージ
The Rhythm of the Rain	Cascades	雨の季節の定番
The Sounds of Silence	Simon and Garfunkel	哲学的な要素を含んでいる, 3年生で歌詞を考えさせる授業に使えそう
This Night	Billy Joel	ベートーベンの「悲愴」をフィーチャー
This Song for You	白鳥英美子	卒業生へのメッセージソングとして使える, May～が頻出, 現在完了, 倒置
Three Little Birds	Bob Marley & the Wailers	映画I Am a Legendで主人公が歌う歌
Time after Time	Cyndi Lauper	if～, 単語は難しい
Time in a Bottle	Jim Croce	生ギターの伴奏がきれい, 歌詞もよい, 仮定法過去
To Love You More	Celine Dion	失恋の悲哀を歌ったトーチソング
Tom's Diner	Suzanne Vega	アカペラ, 英語がきれいで, 歌詞から絵を描かせていくなどということもできる
Turn It On Again	Genesis	1980年代ジェネシスのヒット曲, 再結成ツアーのタイトルにも使われた
Twilight	Electric Light Orchestra	TVドラマ「電車男」のテーマソングとしてリバイバル・ヒット
Unchained Melody	The Righteous Brothers	映画「ゴースト（ニューヨークの幻）」のテーマ曲
Under the Sea	Disney	戦争と平和
Video Killed the Radio Star	Buggles	バグルズの大ヒット曲, テクノビートに乗ったメロディーとアレンジが美しい
Walk Right Back	竹内まりや, 山下達郎	エバリー・ブラザーズの曲, 夫婦の息がピッタリ, Longtime Favoritesより
We Will Rock You	Queen	ノリがいい
What If	Kate Winslet	仮定法過去完了, 仮定法過去, クリスマスキャロル
When We Wish Upon a Star	白鳥英美子	ディズニー「ピノキオ」テーマ曲
White Christmas	山下達郎	究極のアカペラ盤, コーラスは圧巻！
Without You	Mariah Carey	Nilsonオリジナルの名曲, スローで聞き取りやすい
You Can't Hurry Love	Phil Collins	読み取りによい, シュプリームス盤と聞き比べてみるのもよい
Zero Landmine	坂本龍一, その他	地雷撲滅キャンペーンソング
夕焼け小やけ	白鳥英美子	童謡の英語版

●参考図書

The Billboard Book of USA Number One Hits by Fred Bronson (Guiness 1988)

Rolling Stone Issue 963, December 9, 2004

『"英語の歌"で英語好きにするハヤ技30』中嶋洋一（明治図書）

『Talk and Talk Book 2「たられば連想ゲーム」』田尻悟郎／築道和明（正進社）

『チャンツで楽習！　決定版「しりとりチャンツ」』田尻悟郎／高橋一幸（NHK出版）

『15　フィフティーン』中嶋洋一／幸若晴子／大津由紀雄　他（ベネッセコーポレーション）

『ベスト・メイト8巻（英語の歌88選）』中嶋洋一／米蒸健一編（三友社）

● Acknowledgements

p.6
Eternal Flame
Words & Music by Susanna Hoffs, Billy Steinberg and Thomas Kelly
Copyright © 1988 Sony/ATV Tunes LLC
The rights for Japan licensed to Sony Music Publishing (Japan) Inc.

Copyright ©1988 BANGOPHILE MUSIC / SONG OF UNIVERSAL, INC.
All rights reserved. International copyright secured.
Print rights for Japan controlled by K.K. MUSIC SALES

p.10
When Will I See You Again
Words & Music by Kenny Gamble and Leon Huff
Copyright © 1974 MIGHTY THREE MUSIC
All rights reserved. Used by permission.
Print rights for Japan administered by YAMAHA MUSIC PUBLISHING, INC.

p.14
Honesty
Words & Music by Billy Joel
Copyright © IMPULSIVE MUSIC
Permission granted by EMI Music Publishing Japan Ltd.
Authorized for sale only in Japan

p.18
Wonderful Tonight
Words & Music by Eric Patrick Clapton
Copyright © WARNER/CHAPPELL MUSIC INTERNATIONAL
All rights reserved. Used by permission.
Print rights for Japan administered by YAMAHA MUSIC PUBLISHING, INC.

p.22
Have You Ever Seen the Rain
Words & Music by John Cameron Fogerty
Copyright © 1970, 1971 Jondora Music.
Rights for Japan controlled by Victor Music Publishing, Inc.

p.26
Here Comes the Sun
Words & Music by George Harrison
Copyright © 1969 HARRISONGS LTD.
Assigned for Japan to Taiyo Music, Inc.
Authorized for sale in Japan only

p.30
Tie a Yellow Ribbon Round the Ole Oak Tree
Words by Lawrence Brown / Music by Irwin Levine
Copyright © 1972 LARBALL MUSIC P.A.
All rights reserved. International copyright secured.
Rights for Japan administered by PEERMUSIC K.K.

Copyright © SPIRIT ONE MUSIC
The rights for Japan assigned to Fujipacific Music Inc.

p.34
If We Hold On Together
Words by Will Jennings / Music by James Horner
Copyright © UNIVERSAL-MCA MUSIC PUBLISHING, A DIVISION OF UNIVERSAL STUDIOS, INC./ SONG OF UNIVERSAL, INC.
All rights reserved. International copyright secured.
Print rights for Japan controlled by K.K. MUSIC SALES

p.38
Bad Day
Words & Music by Daniel Powter
Copyright © SONG 6 MUSIC
The rights for Japan assigned to Fujipacific Music Inc.

p.42
Puff (The Magic Dragon)
Words & Music by Peter Yarrow and Leonard Lipton
Copyright © 1963 SILVER DAWN MUSIC
All rights reserved. Used by permission.
Print rights for Japan administered by YAMAHA MUSIC PUBLISHING, INC.

Copyright © 1993 HONALEE MELODIES
All rights reserved.
The rights for Japan assigned to Fujipacific Music Inc.

p.46
From a Distance
Words & Music by Julie Gold
Copyright © 1987 WING AND WHEEL MUSIC
All rights reserved. International copyright secured.
Print rights for Japan jointly controlled by Shinko Music Entertainment Co., Ltd.

Copyright © 1986 JULIE GOLD MUSIC
All rights reserved.
The rights for Japan assigned to Fujipacific Music Inc.

p.50
Every Breath You Take
Words & Music by Sting
Copyright © 1983 G M SUMNER
Permission granted by EMI Music Publishing Japan Ltd.
Authorized for sale only in Japan

p.54
Tears in Heaven
Words by Eric Patrick Clapton and Will Jennings / Music by Eric Patrick Clapton
Copyright © 1991, 1995, 2004 E.C.Music Limited
Used by permission of Music Sales Limited.
Copyright © 1992 BLUE SKY RIDER SONGS
International copyright secured.
All rights for Japan controlled by Shinko Music Entertainment Co., Ltd.

p.58
If I Had One Million Dollars
Words & Music by Steven Jay Page and Ed Robertson
Copyright © 1994 TREAT BAKER MUSIC INC.
All rights reserved. Used by permission.
Print rights for Japan administered by YAMAHA MUSIC PUBLISHING, INC.

p.62
Blowin' in the Wind
Words & Music by Bob Dylan
Copyright © 1962 Special Rider Music
The rights for Japan licensed to Sony Music Publishing (Japan) Inc.

p.66
You've Got a Friend
Words & Music by Carole King
Copyright © 1971 COLGEMS-EMI MUSIC INC.
Permission granted by EMI Music Publishing Japan Ltd.
Authorized for sale only in Japan

p.70
Hotel California
Words & Music by Don Felder, Glenn Frey and Don Henley
Copyright © 1976 FINGERS MUSIC / RED CLOUD MUSIC / WOODY CREEK MUSIC
All rights reserved. Used by permission.
Print rights for Japan administered by YAMAHA MUSIC PUBLISHING, INC.

p.74
未来へ
作詞・作曲：玉城千春
Copyright © 1998 Victor Music Publishing, Inc. / CLIMAX CO., LTD.

p.80
Stand by Me
Words & Music by Ben E. King, Jerry Leiber and Mike Stoller
Copyright © 1961 (Renewed) JERRY LEIBER MUSIC / MIKE STOLLER MUSIC / TRIO MUSIC CO., INC.
All rights reserved. International copyright secured.
Print rights for Japan administered by YAMAHA MUSIC PUBLISHING, INC.

p.86
I'll Have to Say I Love You in a Song
Words & Music by Jim Croce
Copyright © Denjac Music Company
The rights for Japan licensed to Sony Music Publishing (Japan) Inc.

●著　者
井　上　謙　一　（栃木県那須塩原市立塩原中学校教諭）
北　原　延　晃　（東京都港区立赤坂中学校教諭）
久保野　雅　史　（神奈川大学准教授）
田　尻　悟　郎　（関西大学教授）
中　嶋　洋　一　（関西外国語大学教授）
蓑　山　　　昇　（元公立中学校教諭）

決定版！続・授業で使える英語の歌 20
2008年 9 月15日　初版発行
2012年 3 月15日　2 版発行

著　者
井上謙一　北原延晃　久保野雅史　田尻悟郎　中嶋洋一　蓑山昇

音楽制作
株式会社クラッセ

デザイン
うちきばがんた

イラスト
山本直孝

発　行
開隆堂出版株式会社　代表者　大熊隆晴
〒113-8608　東京都文京区向丘1-13-1
電話　03-5684-6123　（編集）
http://www.kairyudo.co.jp/

発　売
開隆館出版販売株式会社
〒113-8608　東京都文京区向丘1-13-1
電話　03-5684-6118　（販売）

印　刷
図書印刷株式会社

ISBN978-4-304-01349-2　C3037
●本書を無断で複製することは著作権法違反となります。
●乱丁本・落丁本はお取り替えいたします。
JASRAC 出 0809935-801
JASRAC 録 R-0880194DE
JASRAC 録 R-0880195DE